SEVGİ BAHÇESİNİN BAHÇIVANI

ALİŞAN KAPAKLIKAYA

YEDİVEREN
YAYINLARI

SEVGİ BAHÇESİNİN BAHÇIVANI

Alişan Kapaklıkaya

Yediveren Yayınları
Tür: Gelişim

Yayın Yönetmeni
Gökhan Alperen Bayrak

Yayın Koordinatörü
Akif Bayrak

Görsel Yönetmen
Leyla Çelik

İç Tasarım
İbrahim Akdağ

ISBN
978-605-5011-71-0
Kasım 2017
Yayınevi Sertifika No:29485
Tic. Sicil No:893116

Baskı
Çalış Ofset
Matbaa Sertifika No: 12107
Davutpaşa Cad. Yılanlı Ayazma Sk.
No:8 Davutpaşa /Topkapı/İstanbul
Tel: 0212 482 11 04

Yediveren Yayınları Eğitim Hiz. Tic. Ltd. Şti.
Ticaret Sicil No: 893116 Sertifika No: 29485
Şenlikköy Mahallesi, Şehit Muammer Yüzsüren Sokak
No:17 B Blok D: 2 Florya Bakırköy İSTANBUL
Tel: +90 212 506 13 84 / +90 212 506 13 85 / Fax: +90 212 506 13 86
www.yediveren.com.tr / info@yediveren.com.tr

SEVGİ BAHÇESİNİN BAHÇIVANI

ALİŞAN KAPAKLIKAYA

YEDİVEREN
YAYINLARI

İTHAF

Dünya Güzeli Prensesim ZÜHAL'ime,

Dünya Tatlısı Prensim BİLAL'ime,

Canımın çok sıkıldığı ve kendimi çok mutsuz hissettiğim bir gün, 10 yaşındaki melek kalpli Zühal'im gelip yanıma oturdu. Bana, hayatım boyunca hiç unutmayacağım ve hep yüreğimde taşıyacağım şu sözleri söyledi:

"Biliyor musun baba? Sen bir çeşmesin; sevgi çeşmesi... Musluklarından sürekli sevgi akıyor ve herkes de gelip senin sevginden kana kana içiyor. Evet, sen, özellikle hayatında sevgiye hasret kalmış öğrencilerini bulup onlara kana kana içtikleri bu sevgiyi ta ki onlar doyana dek veriyorsun. Seninle ne kadar gurur duysam azdır baba. Ancak bugünlerde nedense sana bir şeyler oldu ve de olmaya devam ediyor gibi... Eskisi gibi canlı ve neşeli akmıyorsun. Ne oluyor sana baba, yoksa kurumaya yüz mü tuttun? Bak, insanlar çeşmenin başına toplanmış, özledikleri sevginin akmasını beklerken sen burada oturmuş tek başına ağlıyorsun. Yalvarırım baba durma, kuruma! Haydi, babacığım kalk, topla kendini! Üstelik çeşmenin başında meraklı gözlerle seni bekleyen, sevgine susayan insanları bekletmeye hiç mi hiç hakkın yok babacığım, yok!

Beni de daha fazla bekletme, anlaştık mı?"

Bu kitabı, bana çocukları tekrardan sevmeyi öğreten ve sevgilerin en yücesini yaşatan canım yavrularım Zühal'im ve Bilal'ime armağan ediyorum...

Alişan KAPAKLIKAYA

BU KİTAP; ÇOCUKLARIMIZA,
GENÇLERİMİZE,
ÖĞRENCİLERİMİZE VE
ONLARIN AİLELERİYLE OLAN
İLİŞKİLERİNE TUTULAN BİR
AYNADIR. BU AYNADAN
YANSIYANLAR ONLARDIR.
ONLARIN DUYGULARI,
DÜŞÜNCELERİ, BEKLENTİLERİ,
HEVESLERİ, SEVGİLERİ,
NEFRETLERİ, SORUNLARI,
KORKULARI, KARMAŞIK
DUYGULARI, BUNALIMLARI,
SEVECENLİKLERİDİR.
ŞİMDİ, ONLARIN
YOLCULUĞUNDA ŞİMDİ BANA
EŞLİK ETMEYE VAR MISIN?

SEVGİ YOLCULUĞU BAŞLIYOR

İnsan yaşamını her zaman suya benzetmişimdir; bir dağın zirvesinde doğup denize ulaşana dek akıp giden suya... Dağda bir kaynaktan çıkan ve ilk çıkışında hep saf ve berrak olan bu suya baktığında her daim dibini çok net bir şekilde görebilirsin. Derken serüveni başlar; herhangi bir yatağı, düzgünce akabileceği kanalı olmadığı zaman başıboş kalır, kâh sağa çarpar kâh sola. Bazen şelaleden dökülür coşkuyla, bazen durgun akar; sessiz ve derinden usulca. Bazen de sel olur, karşısına çıkan her şeyi yıkıp zarar verir etrafına...

Nihayet gün olur insanların yaşadığı düzlüğe doğru iner. Bazen kıvrım kıvrım, bazen çılgınca sürdürür akışını.

Zaman zaman da insanların müdahalesiyle karşılaşır bu yolculuğunda. Kimi fabrika atıklarını akıtır, kimi çöpünü atar, kimi ise kanalizasyon sularını karıştırır hiç çekinmeden o güzelim berrak suyuna... Derken duruluğu kaybolup rengi bulanmaya ve kirlenmeye başlar. Sonra da içinde canlıların yaşayamayacağı ve etrafına sürekli zehir saçan bir mikrop yuvası haline gelir adeta...

Bazen de yolu kesilip hapsediliverir bir barajın arkasına. Bu süreçte şelalelerden çağlayarak dökülen suyun sesini kesebileceğini, onu sakinleştirip zapt edebileceğini zanneder insanoğlu. Fakat kurduğu baraj duvarının arkasında suyu tutmaya kısa bir süre yeter gücü. O su, zamanla kabarıp barajı yıkmakla tehdit edince tekrardan yolunu açmaya mecbur bırakır insanı.

Yine akmaya başlar. Bu defa sessiz, sakindir. Çağlamaz, feryat etmez artık. Ya yolunu hasretle bekleyen kurumuş topraklara can vermek için akar ya da uzun süredir uğruna yol aldığı denizine kavuşmak için çabalar...

İnsan da böyle değil midir?

Yeni doğan bebek, kaynağından yeni çıkmış su gibi temiz, durudur. Derken o bebeğin yaşam macerası başlayıp emeklediğinde ne kadar sevindirir bizi... Yürümeye başladığında çok meraklıdır. Her şeye dokunmak ve eline alıp onu incelemek ister. Bazen bu nedenle düşer, çığlık atıp ağlar. Bir şelalenin çıkardığı uğultulu sesi zevkle dinleyen insanlar, nedense bir çocuğun en doğal ağlamasını susturmak ister. Başaramadıklarındaysa ağzına emzik sokup sesini kesmekle yetinirler sadece.O her şeye rağmen gelişimini sürdürür. Yürümeye başladığı ilk sırada önce korkar, çekinir ama ilk birkaç adımı attıktan sonra hiç durmaz olur yerinde. Öyle ki akla hayale gelmedik yerlere bile gider artık.

Yaşı ilerledikçe saflığını, doğallığını yavaş yavaş yitirmeye yüz tutar; çünkü çevredekilerin kendisine etkisi artık artmaya başlamıştır. Kendisine katılmaya çalışan güzelliklerden yanında çirkinlikler de vardır. Öyle ki; kulağına gelen küfür, hakaret gibi sözlerin kötü olduğunun farkında bile değildir. O, ya her duyduğunu, her gördüğünü kendisine katar ya da çevresinin kendisine sunduğu katkıları almak zorunda kalır.

Kim bilir eğer bir çocuk kendisine sunulanların analizini yapabilseydi belki de onların %90'ını reddedecekti? Onların, kendi doğallığını, berraklığını, duruluğunu bozmasına asla izin vermeyecek, kendisine sunulanların çoğunun suya atılan çöpler, artıklar ve kanalizasyon suları gibi kirletici, kendi özelliğini kaybedici olduğunu da bir çırpıda anlayacaktı.

Sonra okul başlar ve ilkokulu bitirene kadar birçok olumsuz etkiye rağmen o yine de doğallığını, duruluğunu büyük ölçüde korur. Sessiz, durgundur, dalıp gider bazen ama pek hırçın değildir, çevresine zarar vermez, vermeyi düşünmez. Hatta zarar vermek, karşı çıkmak, kötülük yapmak gibi kavramların farkında bile değildir çoğu kez.

Ortaokula başladığında sessizliği bir süre daha devam eder. Derken sessizliğini bozmaya, sesini yavaş yavaş yükseltmeye başlar. Sorular birbirini takip eder. Sorduğu sorularla bazen farkında olmadan büyüklerini zorda bırakır. Bu yüzden düşüncelerini her zaman ve her yerde söylememesi gerektiği öğütlenir kendisine.

Derken ergenlik çağı gelip çatar. Dünkü ağzı emzikli çocuk, kendisini fark etmeye başlar. Bedeninde ani değişiklikler yaşar; boyu birdenbire uzar, ses tonu değişir. Alışık olduğu özelliklerinin yerine, yenilerinin geldiğini görünce şaşırıp kalır. Üstelik bunları kimseyle konuşamaz çünkü ilk konuşma veya sorma denemelerinde susturulmuş, ayıplanmış ya da kendisiyle alay edilmiştir.

Haykırmak, şelale gibi çağlayarak anlatmak istediği kendisinin anlaşılmadığını hatta dinlenilmediğini görünce de susar kalır. Sessiz ama derinden akan su gibi durgunlaşır ama derinliklerinde ne fırtınalı duygular olduğunu ancak bakabilenler görür ve anlar…

Şaşırır. Hele de kendisine katkıda bulunanların ya da kendisine şekil vermek isteyenlerin dayatmaları karşısında bunalıp kalır. Kendini gerçekleştirme çabası verirken, başkalarının onun adına belirlediği şablonlardan da sıkılır, onlara sığmaz olur.

Oysa kendi yolunu kendi belirlemek, akacağı kanalı kendi bulmak istemektedir artık. Ancak her defasında büyükleri tarafından yolu kesilir. Evde anne babası ya da diğer aile büyükleri, okulda öğretmenleri tarafından etrafı çepeçevre kuşatılıp kendisine belirlenen alanın dışına çıkmaması emredilir. Eğer çıkarsa disiplin cezalarıyla, zayıf notla tehdit edilir. Bazen öğretmenin elindeki makineli not tüfeğiyle; *"1, 1, 1, 0, 0, 0..."* diye yaylım ateşine tutulur. Annesinin azarı, babasının dayağı, komşusunun kınaması hep onun yolunu kesen barajlardır aslında.

Azarlayanlar, kınayanlar, dövenler, notla tehdit edenler, makineli tüfeklerini kendisine doğrulttukları süre kadar onu karşılarında esir alabileceklerini çoğu zaman fark etmezler bile. Aslında ona makineli tüfek tutanlar, bunu hiçbir zaman art niyetle veya kötülük etmek için yapmaz. Yapılan her tehdit, baskı ve sindirme onun iyiliği için yapılır! Fakat bu, sadece iyilik yapıldığı zannıyla sınırlı kalır.

8. sınıfa geldiğinde artık etrafına örülen duvarların içine sığmadığını, önündeki barajın kendisini bunaltıp hapsettiğini fark eder ve günden güne barajdaki su gibi kabarmaya başlar...Artık her şeyi problemdir. Kardeşleriyle geçinemez, ailesiyle anlaşamaz hatta inat olsun diye onların dediğinin tam tersini yapmaya başlar. Öğretmenleriyle arası

açıktır. Sürekli ders anlatılmasından, üstelik anlatılan derslerin kendi problemlerine çözüm getirmeyen türden oluşundan şikâyetçidir. Sanki dersler başka bir gezegenin yaşantısını anlatıyor gibidir çünkü kendisi yoktur o derslerde, beklentileri yoktur, korkuları yoktur, sevgileri yoktur, merakını giderecek bilgiler yoktur, yoktur, yoktur...

Bu arada kendi kişiliğini fark etse de ancak henüz yeteri kadar olgunlaşmamış ve gel-gitler yaşamaya devam etmektedir. Üstelik bu esnada kendisi ile tam olarak barışık da değildir. Ne istediğini tam olarak bilemez. Duyguları karma-karışıktır; dün sevdiğinden bugün nefret edip uzaklaşırken yine dün uzak durduğuyla bugün sıkı fıkı dost olup çıkmıştır bir anda.

Düşünceleri de net değildir. Dün savunduğu şeylere bugün düşman kesilir ya da dün yanlış dediğinin uğruna bugün ölebilir. Kısaca onun kendisiyle ilgili problemleri vardır. O kendi kabuğunu kırmak ve başkalarının istediği gibi olmak için değil kendini, içindeki benliğini ortaya çıkarmak içindir bütün gayreti.Artık o, etrafındakilerin kestiği yolun açılması, onların kendisine çektiği baraj duvarlarının yıkılması için baskı yapmaktadır...

Peki, bunu başarabilecek mi? Baraj kapağını açıp yolundaki engelleri kaldırabilecek mi? Kendisini hasretle bekleyen toprağına kavuşabilecek mi? Varmak için can attığı denizine ulaşabilecek mi?

Bu kitap; çocuklarımıza, gençlerimize, öğrencilerimize ve onların aileleriyle olan ilişkilerine tutulan bir aynadır. Bu aynadan yansıyanlar onlardır. Onların duyguları, düşünceleri, beklentileri, hevesleri, sevgileri, nefretleri, sorunları, korkuları, karmaşık duyguları, bunalımları, sevecenlikleridir.

Şimdi, onların yolculuğunda şimdi bana eşlik etmeye var mısın?

İYİ BİR EĞİTİM ORTAMI
YARATMAK İÇİN
ÖĞRENCİLERE ÖĞRETMEK
DEĞİL, ÖĞRENCİLERLE
ÖĞRENMEK; ÖĞRENCİLER
ADINA KARAR VERMEK
DEĞİL, ÖĞRENCİLERLE
BİRLİKTE KARAR VERMEK
GEREKTİĞİNİ ANLAMIŞTIM.
KISACASI; BİR BAHÇIVANIN
KENDİ İSTEDİĞİ GİBİ DEĞİL,
ÇİÇEKLERİN GEREKSİNİM
DUYDUĞU ŞEKİLDE SULAMA,
İLAÇLAMA VE BAKIM
YAPMASI GEREKİYORDU.

SEVGİ BAHÇIVANI

Her bahçenin bahçıvanı vardır. O bahçede neler vardır neler; mis gibi kokan güller, etrafına gülümser gibi bakan çiçekler, kelebeklerle sohbete dalmış papatyalar, minicik fidanlar, meyveye durmuş ağaçlar ve daha neler neler…

Her bahçıvan, bahçesine özen gösterir. Nerede suya hasret kalmış bir çiçek görse hemen koşar, kovasındaki suyla hayat verir ona. Çiçeklerine zarar verecek sarmaşıklar, yabancı otlar görse bıçağını çıkardığı gibi keser onları ve korur çiçeklerini.Daha güzel meyve versin diye ağaçların dallarını budar, meyveler bol ve güzel olsun diye de ağaçları ilaçlar. Gece gündüz bahçesini bekler. Bahçeye zarar verecek bir hayvan girdiğini görse ona hemen engel olur. Mesela; çiçekleri koparıp yiyecek bir keçi görse kovar oradan. Bahçesine zarar vermek isteyen insanlar olursa onlara kızar. Bazen bahçesini beklemek uğruna uykusuz kalır. Bazen çiçeklerine su verirken üşütüp hastalanır. Ağaçların dallarını budarken düşüp yaralanır hatta kolunu bacağını kırdığı bile olur…

Sonunda dünyanın en güzel bahçesini meydana getirir. O bahçe, bulunduğu yeri cennete çevirir. Renk renk çiçeklerin oluşturduğu mükemmel ahengi seyretmeye doyum olmaz. Birbirinden güzel güllerin ve rengârenk çiçeklerin yaydığı koku gönüllere ferahlık verir. Meyvelerin tadı damaklarda kalır, bir yiyen bir daha yemek ister. Bahçeyi gören herkes onu yetiştiren bahçıvana teşekkür hisleriyle dolup taşar. İşte bahçıvan o an dünyanın en mutlu insanı olur...

Ben de bir bahçıvanım…

- Benim bahçem: Okulum.
- Benim çiçeklerim:Öğrencilerim.
- Benim kovam: Yüreğim.
- Benim suyum: Sevgim.
- Benim çapam: Tebeşirim.
- Benim makasım: Silgim.

GÖNÜL BAHÇEMİN GÜZEL ÇİÇEKLERİ: ÖĞRENCİLERİM

Çiçeklerim Ayfer ve Ayten KÖSE, bana hediye ettikleri kitabın ilk sayfasına şöyle yazmışlardı: *"Sevgili Bahçıvanımızın, dünyanın en güzel çiçeklerini yetiştirmesi dileğiyle..."*

Bahçıvanlık yapmaya 14 yıl önce başladım. Her sabah okuluma gittiğimde ilk önce bahçeyi dolaşır, çok sevdiğim çiçeklerimle tek tek selamlaşırım. Çoğu kez, tatlı bir tebessüm herkesi mutlu etmeye yeter. Öğrencilere dersleri sevdirmek ve onları okula bağlamak için içten gelen sevgi dolu bir bakışın ne çok şey ifade ettiğini bilir misin?

Öğretmenliğe başladığım ilk gün ısınıvermiştim okuluma ve öğrencilerime. Artık akşama kadar okuldan ayrılmıyor, dersi boş olan sınıflara giriyor, okuldan eve gelirken onlarla konuşuyordum.

İyi bir bahçıvan olmak için sürekli çalışıyordum. Bunun için yapmam gereken ilk şey; öğrencilerimle iyi bir diyalog ve sağlıklı bir iletişim kurabilmekti. Bu diyalogu kurup iletişimi gerçekleştirdikten sonra verimli bir öğretmenliğin öğrencilere değil, öğrencilerle birlikte yapılabileceğini gördüm.

İyi bir eğitim ortamı yaratmak için öğrencilere öğretmek değil, öğrencilerle öğrenmek; öğrenciler adına karar vermek değil, öğrencilerle birlikte karar vermek gerektiğini anlamıştım. Kısacası; bir bahçıvanın kendi istediği gibi değil, çiçeklerin gereksinim duyduğu şekilde sulama, ilaçlama ve bakım yapması gerekiyordu.

Ben de çiçeklerime sordum:

— Ne istiyorsunuz? Derslerden ve öğretmenlerden neler bekliyorsunuz?

Cevap kısa ve netti:

— İçten gülümseme, sıcacık bir merhaba ve birazcık da hoşgörü istiyoruz öğretmenim!

Konuşmakta ve istediklerini dile getirmekte zorlanıyorlardı. Onların çoğu sussa da gözlerindeki ifade ne istediklerini anlatmaya yetiyordu:

— Siz bunları bize verin, biz de derslerimizde sizin istediğinizden fazlasını öğrenmeye söz verelim.

Ne kadar da ucuz ve yapılması kolay şeyler istiyorlardı.

— Sadece gülümseyip *"Merhaba!"* deyin ve hatırımızı sorun, birazcık da hoşgörülü olun yeter.

İşte, ben de bunu yaptım ve yapınca gördüm ki; korkudan titreyen bedenleri sakinleşip yavaşça bana dönüyor, endişeyle bakan gözlerde pırıltı oluşuyor, dudakları bir tebessüm kaplayıp soluk yüzler canlanıveriyor, onlar için hayat sanki yeniden başlıyor...

Öğretmenliğime olan sevgim, gittikçe bir aşka, bir tutkuya dönüştü. 14 yıl önce girdiğim bahçeden hâlâ çıkamadım, bundan sonra da çıkmayı düşünmüyorum.

Şunu da belirtmeden geçemeyeceğim; ben, öğretmenliğin nasıl yapılması gerektiğini üniversitede öğrendim. Öğretmenlik yapmanın bilincineyse ancak okulumda, öğrencilerimin arasında ulaştım. Öğrencilerim yanlış bir hareketimi gördüklerinde beni arkadaşça uyardılar, yapmayı unuttuğum şeyleri onlar hatırlattılar. Deyim yerindeyse beni daha iyi meyve vermem için makası alıp budadılar.

Öğretmenlik yapmaya başladığım andan bugüne kadar geçen süre içerisinde yaklaşık 12000 mektup aldım ve cevaplarını da yazdım. Gönül bahçemde binlerce çiçek yetişti. Şimdi onlarla birlikte çokdaha güzel bir bahçe oluşturmak, güzel ve yaşanılır bir çevre meydana getirmek için uğraşıyoruz.

ORADA SIKINTI İÇİNDE
OLDUĞUNU BİLİYORUM,
KALDI Kİ BİZİM DE ELİMİZ
DARDA. VE YİNE BİLİYORUM Kİ;
SENİN GİBİ NİCE ARKADAŞIN
VEYA ADINI SANINI BİLMESEN
BİLE KİMSEYE DURUMUNU
SÖYLEYEMEYEN NİCE ÇOCUK
VARDIR ORALARDA? AMAN
EVLADIM, ÇOK ÇALIŞ VE İYİ
YETİŞTİR KENDİNİ. ÖĞRETMEN
OLDUĞUN ZAMAN DA
İÇİNDE BULUNDUĞUN ŞU
ANKİ DURUMUNU ASLA
UNUTMA! ÇARESİZLERE ÇARE,
YARALILARA MERHEM OL VE
HERKESİN YARDIMINA KOŞ!
GÖZLERİNDEN ÖPÜYORUM
OĞLUM.

GÖNÜL BAHÇEME İLK ADIM

Yıl 1986. Şubat ayının son pazar günü. Öğretmenliğe başlayacağım, Adana'dayım. Hem okulumu görmek, hem de çevreyi biraz tanımak için okulun bulunduğu Yeşilevler Mahallesi'ne gittim. İçimde büyük bir heyecan vardı. Çocukluğumdan beri hayalini kurduğum öğretmenliğe ilk adımı atacaktım. Her zaman *"Gönül Bahçem"* diyeceğim okuluma ve *"Gönül Bahçemin Çiçekleri"* olacak öğrencilerime kavuşmaya bir günden daha az bir zaman kalmıştı.

Pazartesi gününün gelmesini iple çekerken sınıfları, öğrencileri, okul müdürünün ve öğretmenlerin beni nasıl karşılayacaklarını, kısacası her şeyi merak ediyordum.

Dolmuştan indikten sonra karşılaştığım ilk kişiye okulun adresini sordum. Adam adresi tarif ettikten sonra yüzüme acıyan gözlerle bakıp sordu:

— Öğretmen misin?

— Evet.

— Buraya mı tayin oldun?

— Evet.

— Allah yardımcın olsun. Sende de hiç şans yokmuş.

— Neden?

— …

Bir süre sustu ve:

— Tayin olacak başka okul yok muydu? dedi.

Başka bir şey söylemeden, söylememe fırsat vermeden çekip gitti.Adamın sözlerinden acayip etkilendim ve içimde oluşan şüphelerle birlikte onun gösterdiği yöne doğru yürümeye başladım. Köşeyi döner dönmez karşıma boyacı bir çocuk çıktı. Çocuk yanıma yaklaşıp:

—Boyayalım abi, parlamazsa para yok! Hadi abi, gel boyayalım ayakkabılarını, deyince

— Peki, boya bakalım.

— Gel abi şöyle otur. Al şu terlikleri, ayakkabılarını da çıkar bakalım.

Saçı üç numara kesilmiş bu çocuk tahminen 11–12 yaşlarındaydı. Parmak uçları ayakkabı boyamaktan simsiyah olduğu belliydi ve eline aldığı fırçayı güçlükle kaldırabiliyordu. Kalem tutması gereken elleri daha şimdiden nasırlaşmaya yüz tutmuştu.

— Senin adın ne canım?

— Murat.

— Okula gidiyor musun?

— Evet.

— Kaçıncı sınıftasın?

— Orta bir.

— Hangi okul?

—19 Mayıs.

Heyecanlanıverdim. Okul dışında da olsa dersine girip girmeyeceğimi bilmediğim ilk öğrencimle karşılaşmıştım. Onun verdiği küçük iskemlede ayakkabılarımı zevkle boyamasını izlerken;

— Eğer çok güzel boyarsan, istediğin paranın iki katını veririm, dedim.

Onu suçlamışım gibi bana tuhaf tuhaf baktı:

— Gerek yok, ben zaten güzel boyarım, dedi.

Utandım, söyleyecek bir şey bulamadım. Fakat içimde ona karşı bir sevgi oluştu. Onunla biraz daha sohbet etmek istedim:

— Okulunu ve okumayı seviyor musun?

— Evet, hem de çok.

— Ne olmak istiyorsun?

— Bilmiyorum, daha karar vermedim.

— Hımmm. Peki, baban ne iş yapar?

— ...

— Yoksa çalışmıyor mu?

Derin bir iç çekip başını kaldırmadan cevap verdi:

— Babam yok.

— Yok mu?

— Evet, öldü.

—Yaa, demek öyle! Üzüldüm. Başınız sağ olsun. Hatırlatıp seni üzmek istemezdim.

— ...

— Peki, şimdi size kim bakıyor?

— Kimse.

— Ya annen, o ne iş yapıyor?

—Annem tarlada çalışır, pamuk toplar. Yağmur yağdığında tarlaya gitmez. O zaman da evlere temizliğe gider.

— Desene annen eli öpülecek kadın. Peki, kaç kardeşsiniz?

— Üç

— Sen kaçıncısın?

— En büyüğü. Kız kardeşim beşinci sınıfta, en küçüğümüzse daha okula gitmiyor.

— O kaç yaşında?

— Dört.

— Başka geliriniz var mı?

— Yok.

— Boyacılıktan kazandığın paralarla ailene de yardım ediyor musun?

—Evet. Kazandığım parayla okul ihtiyaçlarımı karşılıyorum, kalanını da anneme veriyorum.

— Aferin! Ne kadar kazanıyorsun?

— Boş ver abi.

Murat'la konuşurken, babam aklıma geldi. Üniversitede okurken param bittiğinde babama mektup yazmış ve para istemiştim. Kış mevsiminde parası olmadığından eski bir sobayla bir koyun satmış, bana öyle harçlık göndermişti. Yazdığı mektupta da şöyle diyordu:

* * *

"Evladım Alişan;

Ben bu parayı sana sadece oğlum olduğun için göndermiyorum. Öğretmen olmak için uğraşırken gurbet ellerde çaresiz kalan, lakin bu topluma fayda sağlamak için didinip duran bir gencin karşımda olduğunu bilerek, düşünerek bu parayı sana gönderiyorum.

Orada sıkıntı içinde olduğunu da biliyorum, kaldı ki bizimde elimiz dar da. Ve yine biliyorum ki; senin gibi nice arkadaşın veya adını sanını bilmesen bile kimseye durumunu söyleyemeyen nice çocuk vardır oralarda? Aman evladım, çok çalış ve iyi yetiştir kendini. Öğretmen olduğun zamanda içinde bulunduğun şu anki durumunu da asla unutma! Çaresizlere çare, yaralılara merhem ol ve herkesin yardımına koş! Gözlerinde öpüyorum oğlum.

Baban"

Tatilde köye gittiğimde annem: *"Oğlum, baban ne sıkıntılar çekti bir bilsen! Cebinde bir çay parası bile olmadan günler-*

ce dolaştı. Yine anlattığına göre kahveye gittiğinde önce masalara bakar, kendisine çay ısmarlayabilecek kim varsa onun yanına oturturmuş." diye anlattı.

O gün annemin, babam hakkında söylediği sözler içimdeki iyi bir öğretmen olma isteğini daha da kamçıladı.

Ben geçmişe dalmış bunları düşünürken, Murat boyamayı bitirmiş, ayakkabılarım pırıl pırıl olmuştu. Boya parasının iki katını vermeye cesaret edemedim. Sadece teşekkür ederek yanından ayrıldım.

Ayrıldıktan sonra da uzun süre Murat'ı düşündüm.

BAZI ÖĞRENCİLER,
EVDEN ÇOK KAHVEDE
OTURAN BABALARINDAN
GÖREMEDİKLERİ İLGİYİ BELKİ
DE BİZ ÖĞRETMENLERDEN
BEKLEYECEKTİ. BENZİ
SOLUK, GÖZLERİNİN
PIRILTISI SÖNMÜŞ BAZI
ÖĞRENCİLER DE SUYA
HASRET ÇİÇEKLER GİBİ BİR
UMUT ARAYACAKLARDI
ÖĞRETMENLERİNDE.

İŞTE BENİM GÖNÜL BAHÇEM

Okulun açık olan bahçe kapısından girdiğimde sevinçliydim ve *"İşte benim, GÖNÜL BAHÇEM!"* dedim kendi kendime. Basketbol oynayan birkaç çocuktan başka kimse yoktu ortalıkta. Ben de bahçeyi dolaştım, ortadaki büyük dut ağacının altına oturup okul binasını seyrettim. Üç katlı uzunlamasına bir binaydı okul. Öğrencilerin teneffüse çıktıklarında cıvıl cıvıl bir bu yana bir o yana koşup oynadıklarını, el ele kol kola dolaştıklarını hayal ettim. Kimileri gülüp kahkahalar atarken, kimileri bir köşede oturup sessizce ağlayacaktı? Kimileri güzel arkadaşlıklar kurup mutlu olurken, kimileri kimseye anlatamadıkları dertlerinin altında ezilip gidecekti? Ve yine kimileri yaşadıkları sorunları çevresindekilere belli etmemek için sonuna kadar direnecekti?

Bazıları akşam evine gittiğinde annesinin hazırladığı sofradaki nefis yemekleri yiyip beraberinde mutluluğu da yudumlarken, bazıları da olmayan annesinin şefkatli kucağının hasretiyle için için yanacaktı.

Bazı öğrenciler, evden çok kahvede oturan babalarından göremedikleri ilgiyi belki de biz öğretmenlerden bekleyecekti. Benzi soluk, gözlerinin pırıltısı sönmüş bazı öğrenciler de suya hasret çiçekler gibi bir umut arayacaklardı öğretmenlerinde.

Peki, tüm öğrencilere karşı ben ne yapacak, nasıl davranacaktım? Onların beklentilerine cevap verebilecek miydim; yani yaralarına merhem, dertlerine derman, yüreklerine sevgi, beyinlerine bilgi olabilecek miydim? Bunaldıklarında ruhlarını okşayan meltem rüzgârları gibi esip rahatlatabilecek miyim? diye düşünüp dururken;

— Hayrola hemşerim, birini mi bekliyorsun? Sorusuyla irkildim.

Seslenen müstahdemdi ve o anda düşlerim darmadağın olmuştu...

İlk defa geldiğim okuldan ayrılırken, çocukluktan itibaren idealim olan ve hayallerimi süsleyen öğretmenliğe kavuşmanın mutluluğunu artık iyiden iyiye iliklerime kadar hissediyordum içimde...

Okuldan ayrılıp eve doğru gelirken sokakta bir kadın ve yanı başında 10–11 yaşlarında kızı olduğunu tahmin ettiğim iki kişi gördüm. İki tekerlekli bir arabanın üzerine un torbalarından dikilmiş kocaman bir çuval koymuşlar, yere de eski bir çarşaf serip etraftan topladıkları çalı çırpı ve küçük ağaç dallarını bu çarşafın ortasına yığmışlardı. İyice küçülmüş ve parçalanmış bir süpürge, yarısı olmayan bir naylon terlik, ucu açılmış eski bir ayakkabı da vardı onların arasında. Arabanın üzerindeki büyük çuvala da çöplüklerden topladıkları kâğıtları dolduruyor olmalıydılar fark ettiğim kadarıyla...

Küçük kız yorulmuş ve yere oturmuştu:

—Haydi anne! Yoruldum, artık gidelim.

—Okuyan abine para lazım Serap. Dur, az daha sabret! Söz, birazdan gideceğiz.

Demek bu insanlar topladıkları bu kâğıtları geçinmek için satıyor, çalı çırpıyı da ısınmakta yakıyorlardı. Bu anne ve kızı çocuğunu okutmak için ne zor şartlara ve sıkıntılara göğüs geriyordu! Acaba, bu çocuk durumunu öğretmenlerine söylemiş miydi? Söylese, öğretmeni mutlaka ilgilenir ve bir çözüm bulurdu…

—Simiiiiit, simiiiiit, taze simit.

8–9 yaşlarında saçı yine üç numara kesilmiş bir çocuk, kafasının üzerindeki tepsiye özenle yerleştirdiği simitlerle karşıdan geliyordu. Ellerini cebine sokup lastik ayakkabılarının topuklarına basmış, şişman birinden emanet almış gibi duran eski pantolonuna kemer yerine ip bağlamış olduğu halde yüzünde gülücükler dağıtarak gelen bu çocuk… Bir de şarkı mırıldanıyordu: *"Seni sevmeyen ölsün, ölsün…"*

Tam yanıma geldiğinde sordu:

—Abi, simit ister misin?

—İsterim gülüm, bir tane verir misin?

Başından indirdiği tepsiyi seçmem için önüme tuttu:

—Buyur abi, istediğini al, dedi.

—Senin adın ne canım?

—Cumali.

—Okula gidiyor musun?

—Evet.

—Harika, kaçıncı sınıftasın?

—İlkokul üç.

Birkaç şey daha soracaktım ama yüreğim bu minicik çocuğun haline artık daha fazla tahammül edemedi. Elimde bir simit ve yüreğimde bin bir duygu ve düşünce ile oradan ayrıldım...

ZİRA ÖĞRETMEN OLDUĞUMU BİLMEDEN ÖNCE BENİMLE ÇOK RAHAT KONUŞAN VE DOĞAL DAVRANAN BU ÇOCUK, ÖĞRETMEN OLDUĞUMU ÖĞRENİNCE NEDEN BİRDENBİRE DEĞİŞMİŞTİ? ONUN KAFASINDAKİ ÖĞRETMEN İMAJI NASILDI ACABA? BENDEN KORKMUŞ MUYDU, YOKSA ONUN KAFASINDA KENDİSİNDEN HER ZAMAN KORKULMASI GEREKEN BİR ÖĞRETMEN TİPİ Mİ VARDI? BUNU ÇOK MERAK EDİYORDUM.

YENİ GELEN SİMİTÇİ

Pazartesi günü sabah erkenden okula gittim. Müdür Bey ile tanışıp görevime başladım. Okulda tam 3900 öğrenci ve 85 öğretmen bulunduğunu öğrendiğimde "Aman Allahım, hayatımda ilk defa böyle büyük bir okul görüyordum."dedim. Her sınıfta ortalama 90–95 öğrenci bulunuyordu. Oysa benim mezun olduğum lisede topu topu 180 öğrenci vardı ve bizim sınıf sadece 18 kişiydi. Hatta bu okuldaki öğrenci sayısı, mezun olduğum lisenin de içinde bulunduğu ilçenin nüfusunun yarısı kadar bir büyüklüğe sahipti.

İlk teneffüste kantinciyle tanışıp, öğrencileri gözlemlemek için kendisine yardımcı olmak istediğimi söyledim. Kabul etti. Simit tezgâhının başına geçtim.

— Abi, bir simit.

— Abi, yarım simit, bir kola.

— Yarım simit mi?

Çok şaşırmıştım, çünkü hayatımda yarım simit isteyen birine ilk defa rastlamıştım.

— Abi, iki badem kraker verir misin?

Öğrencilerden hiçbiri benim öğretmen olduğumu bilmiyordu. Kantinin önünde de kendi aralarında konuşuyorlarken:

— Baksana şu uzun boylu kantinciye, yeni gelmiş herhalde, diyordu.

Dördüncü derste, izinli olan bir öğretmenin yerine derse girecektim. Sınıf koridorun sonundaydı ve kapısı ardına kadar açıktı. İçeri girdiğimde öğrencilerin bir kısmı ayaktaydı. Ön sıralardan biri sınıfa dönüp:

—Oturunoturun, kalkmayın! Bu öğretmen değil, kantine yeni gelen simitçi, simitçi, demez mi?Sınıfta müthiş bir kahkaha tufanı koptu ve ben de onlarla büyük bir keyifle eşlik ettim dakikalarca...

Sınıfa ilk girdiğimde böyle bir olayla karşılaşacağımı hiç ummamıştım.

Son teneffüste bahçeye çıktım. İlk günüm olduğu için öğretmen olduğumu bilen pek yoktu. Bazıları beni simitçi olarak tanıyordu. Bu arada okul dışında tanıştığım ve öğrencim olduğunu tahmin ettiğim çocuk:

— Abi, boyadığım ayakkabılardan memnun musun? diye sordu.

— Merhaba Murat! Hangi sınıftasın?

— 1-F sınıfındayım abi.

Bu sırada Murat'ın arkadaşlarından biri:

— Ne abisi oğlum, o bizim yeni öğretmenimiz, dedi.

Bir diğeri:

—Evet, yeni öğretmenimiz; biz de ilk başta onu kantindeki simitçi zannetmiştik, diye ekledi.

Murat, şaşkınlıkla bakakaldı. Ayakkabılarımı boyatırken, ona öğretmen olduğumu söylemediğimden. Öğretmen olduğumu öğrenen Murat, birdenbire kendini toplayıp ceketinin düğmelerini ilikledi, adeta *"Hazır ol!"* durumuna geçince; üzüldüm. Zira öğretmen olduğumu bilmeden önce benimle çok rahat konuşan ve doğal davranan bu çocuk, öğretmen olduğumu öğrenince neden birdenbire değişmişti? Onun kafasındaki öğretmen imajı nasıldı acaba? Benden korkmuş muydu, yoksa onun kafasında kendisinden her zaman korkulması gereken bir öğretmen tipi mi vardı? Bunu çok merak ediyordum.

O akşam eve döndüğümde, sanırım dünyanın en mutlu insanı bendim. Öğretmenliği çok sevmeme ve istememe rağmen, onun bu kadar güzel olacağını tahmin etmemiştim.

SEN DE GENÇSİN,
TECRÜBESİZSİN VE DE
KUSURA BAKMA AMA
CAHİLSİN! BAK, ÖNCELİKLE
SINIFA BÜYÜK BİR CİDDİYET
İÇİNDE GİRECEKSİN. ŞÖYLE
BİR SURAT ASIP EN ARKA
SIRALARA GÖZ GEZDİRECEK
VE ARDINDAN "KALKIN
ULAN AYAĞA!" DİYE
GÜRLEYECEKSİN.

SINIFTA HÂKİMİYET KURMAK İSTİYORSAN DÖVECEKSİN!

Salı günü okula gittiğimde biraz daha rahattım. Bu arada Murat'ın dün neden benden korktuğunu da anlamaya başlamıştım.

Emekliliği yaklaşmış bir öğretmen, beni yanına çağırdı:

— Gel evladım, otur yanıma şöyle. Gördüğüm kadarıyla çok heveslisin. Öğretmenliği çok mu seviyorsun?

— Evet Hocam.

— Peki, öğretmenliği nasıl yapacağını biliyor musun?

—Okulda bir şeyler öğrettiler ama pratikte bunun nasıl olacağını bilmiyorum. Lütfen, zahmet olmazsa bana tecrübelerinizi aktarır mısınız Hocam?

—Memnuniyetle. Ben de bunu sormanı bekliyordum. Bak oğlum, bu öğrenci milleti çok nankördür çok. Onun için pek yüz vermeye gelmez. Sınıfta, onların karşısında pek gülmeyecek, seviyelerine inmeyeceksin yoksa yüz bulup şımarır ve tepene kadar çıkarlar. Onları sevsen bile sevgini asla göstermeyeceksin!

—Aman Hocam, ne kadar şakacısınız!

Kıdemli meslektaşımızın gerçekten de şaka yaptığını zannetmiştim. Hayretle yüzüne baktım; ama o gayet sakin bir şekilde kaldığı yerden devam etti konuşmasına:

—Ne şakası yahu! Asıl şimdi söyleyeceklerimi iyi dinle! Öğrenci, öğretmenin ne mal olduğunu hemen gözünden anlar ve ondan faydalanmaya çalışır ilk fırsatta. Sen de gençsin, tecrübesizsin ve de kusura bakma ama cahilsin! Bak, öncelikle sınıfa büyük bir ciddiyet içinde gireceksin. Şöyle bir surat asıp en arka sıralara göz gezdirecek ve ardından *"Kalkın ulan ayağa!"* diye gürleyeceksin. Yavaş davranan birini tahtaya çağırıp iyice azarladıktan sonra adam akıllı şöyle iki okkalı tokat yapıştırmadan suratının ortasına yerine göndermeyeceksin. Eğer böyle yaparsan ancak sınıfta otoriteni sağlayabilirsin evlat. Yok, eğer benim dediklerimi dikkate almaz da bunların tam tersini yapıp yumuşak davranırsan; sınıfla baş edemez ve öğrencileri şikayet etmek için ikide bir müdürün yanında alırsın soluğu!

Kulaklarıma inanamıyordum, beynim uyuşmuştu sanki. Soru soramıyor, yorum yapamıyordum. Kıdemli ve tecrübeli (!) öğretmenimize bakakaldım. Bir şey söylemediğimi ve kendisini onaylamadığımı görünce:

—Neyse… Bu seferlik bu kadar yeter, dedi. Kalkıp giderken şunları da eklemeyi unutmadı:

—Bak bu söylediklerim sana bir abi nasihatidir. 25 yıllık tecrübeme dayanarak bunları söylüyorum. Tecrübe konuşuyor oğlum, tecrübe!Yaa!

AMAN OĞLUM, KİMSENİN
ÇOCUĞUNU DÖVME! YAZIKTIR,
GÜNAHTIR. BAK, BABAN SİZİ
HİÇ DÖVDÜ MÜ? DEMEK
İNSAN DAYAK YEMEDEN
DE ADAM OLABİLİYOR.
UNUTMA EVLADIM, KARŞINA
GELECEKLERİN HEPSİ DE ANA
KUZUSU. BİRÇOĞU GARİBAN,
KİMSESİZDİR. İÇLERİNDE
YETİMLER, ÖKSÜZLER VARDIR.
TALEBELERİNİ SEV OĞLUM,
HEM DE ÇOK SEV! EĞER
ONLARI ÜZER, KORKUTUR VE
DÖVERSEN, ALLAH ŞAHİDİM
OLSUN, SANA SÜTÜMÜ HELAL
ETMEM!

KİM AYDIN, KİM CAHİL?

Köyde sadece iki yıl okula gitmiş, hayatında hiç kitap okumamış, kendi deyimiyle mektep-medrese görmemiş cahil (!) annemin öğütleri canlandı gözümde:

— Aman oğlum, kimsenin çocuğunu dövme! Yazıktır, günahtır. Bak, baban sizi hiç dövdü mü? Demek insan dayak yemeden de adam olabiliyor. Unutma evladım, karşına geleceklerin hepsi de ana kuzusu. Birçoğu gariban, kimsesizdir. İçlerinde yetimler, öksüzler vardır. Talebelerini sev oğlum, hem de çok sev! Eğer onları üzer, korkutur ve döversen, Allah şahidim olsun, sana sütümü helal etmem! Kimsenin kalbini kırma, herkesle iyi geçin. Bak orada gurbette olacaksın, ben de sana her zaman dua edeceğim oğlum.

Bir tarafta üniversite mezunu ve 25 yıl öğretmenlik yapmış, güya aydın bir hocamızın öğüdü, diğer tarafta ilkokula ancak iki yıl o da yarım yamalak devam edebilmiş, hiç kitap okumamış cahil annemin öğüdü...

Hangisi aydın, hangisi cahil? Karar senin...

O yıllarda ülkemizde özel televizyon kanalları yoktu. Sadece devlet televizyonu vardı. Toplumumuz dünyayı ancak devlet televizyonunun gösterdiği kadar tanıyabiliyordu. Birçok konuda olduğu gibi öğretmen-öğrenci ilişkisinde de geleneksel yapı devam etmekteydi. Eğitimde "Öğretmen; dolu sürahi, öğrenci ise boş bardak, öğrenci öğretmenin sürahisinde ne varsa ancak onu alabilir." felsefesi hâkimdi. Öğretmen anlatır, öğrenci ise dinler, ezberler ve öğretmenine itaat ederdi. Öğrenci öğretmenine pek itiraz edemez, onun anlattıklarını yorumlayamaz ve sorgulayamazdı.Kıdemli öğretmenimizin bana anlattıkları, toplumumuzda ve eğitimim sistemimizde oldukça kabul görmüş yaygın görüşlerdi.

Oysa ben, öğrencilik yıllarımda öğretmenlik hayalleri kurarken şöyle düşünüyordum: "Eğer bir gün öğretmen olursam öğrencilerime onların istediği şekilde davranacağım."Örneğin, sınıfa girerken öğrencileri güler yüzlü ve neşeli bir şekilde selamlayacağım. Öğrencilerime sarılıp onları kucaklayacağım. Hal ve hatırlarını sorup güzel bir iletişim kurduktan sonra derse başlayacağım. Derse başlamadan önce, onların derse başlamamı istemelerini bekleyeceğim. Bunun için de derslerimi sevdirecek, onlarda konulara karşı bir merak uyandıracağım. Çünkü insan sevmediği, ilgi duymadığı ve merak etmediği bir konuyu zaten öğrenmek istemez. Kendimden biliyorum; ben gereksinim duymadığım, merak etmediğim bir konuyu çalışmıyor ve öğrenmiyorum mesela. Çalışmak zorunda kaldığımda da nefret ederek ezberliyor ve sınavlardan sonra da bir daha hatırlamamak üzere unutuyordum o konuyu.

"Bir de öğrencilerimi asla karşıma alıp onları yenmem gereken bir rakipmiş gibi asla görmeyeceğim. Onların açığını, hatasını arayan ve onları küçük düşüren bir öğretmen hiçbir zaman olmayacağım."

Lisede okurken şunu da hiç anlamazdım: Bazı hocalarımız gelir, kendini ve branşını tanıtırdı. Sonra da bizden neler beklediklerini, görev ve sorumluluklarımızın neler olduğunu, kendi dersinin çok önemli olduğunu söylerdi. Hatta ve hatta en önemli dersler listesinin başında geldiğini, bundan dolayı da çok çalışmamız gerektiğini, zira bu dersini bilmeyenin sosyal hayatta pek adamdan sayılmayacağının altını ısrarla çizerdi. Daha sonra büyük bir marifetmiş gibi gururla, geçen yıllarda kendi dersinden geçen öğrenci sayısının çok az olduğundan dem vurup sonrasında şu cümleleri kurardı:

—Akıllı uslu durup terbiyeli ve saygılı davranan, koyduğum kurallara ve ilkelere harfiyen uyan öğrencilerse başımın tacıdır. Şimdi eğer bir hatanızı görürsem çıranızı yakarım, bunu iyice anlayın!

Bu ve buna benzer tehdit ve sindirmeler her zaman devam ederdi ve hâşâ:

—On Allah'a, dokuz peygambere, sekiz de bana ait bir nottur. Dolayısıyla siz en fazla yedi alabilirsiniz. Yedi almak için bile çok çalışacaksınız. Zayıf alanın gözünün yaşına bakmam ve hiç acımadan süründürürüm! derdi. Akabinde sağ elini, ceketinin sol iç cebine atarak siyah kaplı not defterini çıkarır, gözümüze sokar gibi havada birkaç kez sallar ve tehditlerine kaldığı yerden devam ederdi:

—Her zaman hazırlıklı olacaksınız. Sizi aniden sözlüye kaldırır, bilemediğiniz anda zayıfı basarım!

Biz de bu nedenle bazen karşımızdakinin, sınıfta öğrencilerine ders anlatan öğretmen mi, hapiste mahkûmların karşısındaki gardiyan mı, yoksa esir kampındaki düşman subayı mı olduğunu ayırt edemezdik. Hatta öğretmenimizin not defterini bir makineli tüfek gibi üzerimize çevirerek ateş ettiğini, kurşun yerine bir, bir, bir, sıfır, sıfır, sıfır gibi zayıf notlarla bizi öldürdüğünü görürdük rüyamızda.

Ben lisede, elinde sopa yerine çiçekler olan öğretmen olmaya karar vermişken, kıdemli öğretmenimiz, bana zalim bir gardiyan olmamı, sınıfı ise adeta hapishaneye çevirmemi öğütlüyordu.Demek, yıllar geçse de geleneksel düşünceler ve baskıcı zihniyetler, kolay kolay değişmiyordu. Anlaşılan, işim epey zor olacaktı.

Kıdemli öğretmenimizi dinledikten sonra bir an şüpheye düştüm. Acaba gerçek yaşam böyle de biz okulda çok hayali şeyler mi öğrendik? Yoksa duygu ve düşüncelerimiz karşılaşacağımız gerçeklerle uyuşmayacak mı? Peki ya öğretmenimiz haklıysa, o zaman ben ne yaparım?

Bu arada teneffüs zili çaldı. Öğretmenler odasının penceresinden bahçeyi seyretmeye başladım. Erkek öğrencilerin tamamının saçı üç numara kesilmişti. Kızların ise çoğunun saçı iki örgülüydü ve herkesin okul forması simsiyahtı.

Nöbetçi öğretmen bahçede dolaşıyordu. Ne garip, etraflarında pek öğrenci yoktu. Öğretmene bir şey söylemek veya sormak isteyenler gayet ciddi bir şekilde yanına yaklaşıyor, konuştuktan sonra da hemen hızla yanlarından ayrılıyordu.

Öğrenciler adeta kır çiçekleri gibi bahçenin dört bir yanına serpilmişlerdi. Kimileri ikili gruplar halinde dolaşıyor, kimileri bir yere kümelenmiş, sohbet ediyorlardı. Koşanlar, yakar top oynayanlar, kahkahayla gülenler bahçeye ayrı bir renk ve güzellik katıyordu. Öğrencilerin formalarının dışında hiçbir şeyi aynı değildi.

Yaradılışlarında sevgi olan bu çocuklar, büyüklerine düşman olamazlardı. Bir çiçek, bir gül, bahçıvanına ne kadar düşman olup bahçesine ne kadar zarar verebilirse; bir öğrenci de öğretmenine ancak o kadar düşman olup okuluna o kadar zarar verebilirdi.

Birkaç istisna dışında, konuştuğum öğretmenler de aslında öğrencilerini seviyordu. Hedeflerinde ülkemize hizmet ve toplumumuzu çağdaş uygarlık düzeyine çıkarmak vardı. Yüreklerinde sevgi olan bu öğretmenlerin de öğrencilerine düşmanlığı ancak bir bahçıvanın bahçesindeki çiçeklere olan düşmanlığı kadar olabilirdi.

Öğrencilerle konuştuğumda öğretmenlerini çok sevdiklerini, ancak öğretmenlerin kendilerini yeteri kadar sevmediklerini ve kendilerine yüz vermediklerini söylüyordu. Öğretmenler ise her şeyi öğrencileri için yaptıklarını, onları çok sevdiklerini ve onlar için her türlü fedakârlığa katlandıklarını; ancak öğrencilerin buna karşın çok saygısız olduklarını, kendilerine yapılan iyiliklerin değerini bilmediklerini ve fırsat bulduklarında tepelerine çıkıp şımardıklarını söylüyordu.Karşısındakini seven, ancak yine karşısındakince sevilmediğini düşünen iki taraf…

Peki, sorunun kaynağı neydi ve kim veya kimler bu sorunu oluşturuyordu? Çözümü nasıl olacaktı?

BAK ALİM, BEN BU BİLGİYİ
TUĞLAYA, TECRÜBEYİ DE
ÇİMENTOYA BENZETİYORUM.
ÇİMENTOYU SEVGİYLE
KARACAKSIN. HARÇSIZ
TUĞLALARI ÜST ÜSTE YIĞSAN
ONLARI NE KADAR AYAKTA
TUTABİLİRSİN? EN UFAK BİR
SARSINTIDA YIKILIVERİR
ÜSTELİK DEĞİL Mİ?

"SEVGİ, ALİ'M SEVGİ"

Ben görevime başlamadan önce, okulumuzun ders programı yapılmış ve dersler başlamıştı. Stajyerliğimin kalkması ve öğretmenliğe alışmam için, Ahmet Özen Hocamızın rehberliğine verildim. Onunla beraber derslere giriyor, sınıfta en arkadaki sıralardan birine oturuyor ve bir öğrenci gibi dersi izliyordum.

Ahmet Bey, 27 yıllık öğretmen olmasına rağmen, okulun en dinamik öğretmenlerindendi. Onu böylesine hareketli ve canlı görmek beni çok mutlu ediyor, bir o kadar da şaşırtıyordu. "Ahmet öğretmen, bu yaşına rağmen bu enerjiyi nereden alıyor?" diye merak ediyordum. Bir öğrencimiz hastalansa ziyarete gidenlerin başında ilk önce o vardır. Öğrencilerimizden birinin yakını ölse başsağlığına herkesten önce o koşar. Veliler okula gelse hemen onların yanına gider hal hatırını sorup kendisinin yardımcı olabileceği bir şeyin olup olmadığını öğrenirdi. Sokakta ne zaman beraber yürüsek çevre sakinleri ayağa kalkıp onun hatırına beni de selamlardı. Okuldaki sosyal etkinliklerde o, maçlarda o, törenlerde o…

Bir gün dayanamayıp sordum:

— Üstadım, bu bitmek tükenmek bilmeyen enerjinin kaynağı ne?

Yüzüme, çocuklarına bakan bir babanın şefkatiyle baktı. Ruhunun derinliklerinden çıkıp gelen cevabı, yüreğimin en ücra köşelerinde yer buldu:

— Sevgi Alim, sevgi… (Bana hep Alim derdi.) Seviyorum bu kerataları. Eğer beni hareketli ve enerji dolu buluyorsanız kaynağı bu çocuklara duyduğum sevgidir. Başka bir film yok bende.

— Sadece sevgi mi Hocam? Peki, ya bilgi ve deneyim?

—Onlar da önemli tabii ki ama önce sevgi. Sevgi olmadan bilgi hiçbir işe yaramaz. Sevgisiz tecrübenin ne faydası var?

— Peki Hocam, bilgisiz sevgi bir işe yarıyor mu?

—BakAlim, ben bu bilgiyi tuğlaya, tecrübeyi de çimentoya benzetiyorum. Çimentoyu sevgiyle karacaksın. Harçsız tuğlaları üst üste yığsan onları ne kadar ayakta tutabilirsin? En ufak bir sarsıntıda yıkılıverir üstelik değil mi?

— Evet Hocam.

— İnsan da böyledir işte. Bilgisini ve tecrübesini sevgi harcıyla birleştirmiş insan, yaşı ne olursa olsun dimdik ayaktadır. Yani ne sevgisiz bilgi, ne bilgisiz sevgi, ne de bu ikisi olmadan eğitim. Bunlar birbirini tamamlamalı, yan yana, iç içe olmalı. Önce sevgi, ille de sevgi... Biri olmadan diğerleri de işe yaramıyor.

Artık daha iyi anlıyordum üstadın enerjisinin nereden geldiğini. Doğrusu ondan öğreneceğim çok şey vardı.

Ahmet Bey'le birlikte sınıflara girdikçe öğrencileri daha rahat gözlemliyor ve onları daha yakından tanıma imkânı buluyordum. Öğrencilerin her biri apayrı bir dünyaydı. Kimi içine kapanık, kimi çok konuşkan, kimi alıngan, kimi umursamaz, kimi atak, kimi sessiz, kiminin parmağı sürekli havada, kimi hiç parmak kaldırmaz... Anlaşılan bu ayrı dünyaları tanımak için epeyce zamana ihtiyacım vardı.

AKŞAMA KADAR EVİN
İÇİNDE KOCASINA VE
ÇOCUKLARINA HİZMET
UĞRUNA ÖMÜR TÜKETİP
SAÇINI SÜPÜRGE EDEN,
HİÇBİR FEDAKÂRLIKTAN
KAÇINMAYAN ANCAK HEM
KOCASI HEM DE ÇOCUKLARI
TARAFINDAN YAPTIKLARI
TAKDİR EDİLMEYEN, DEĞERİ
BİLİNMEYEN VE KENDİSİNİ
BİR KÖLE GİBİ HİSSEDEN
ANNELER...

“KUCAKLAŞAMIYORUZ... ÇÜNKÜ KARANLIKTA BİRBİRİMİZE SIRTIMIZ DÖNÜK

Okulu, öğretmenleri ve öğrencileri daha yakından tanıdıkça şu durum dikkatimi çekmeye başlamıştı: Öğretmenler çok çalışıyorlar, çok yoruluyordu; öğrencilerine bir şeyler verebilmek, onları eğitebilmek, derslerini en güzel bir şekilde öğretebilmek adına. Dersten sonra öğretmenler odasına gelip oturduklarında, bir hayli bitkin görünüyorlardı. Verilen bu emeklerin karşılığı kesinlikle büyük bir başarı olmalıydı.

Öğrenciler de oldukça fazla çalışıyor; üstelik hemen hemen hiç devamsızlık yapmadan bir yandan okullarına, bir yandan da “yetiştirme kurslarına” devam edip konuları iyice anlayana dek birkaç kere okuduktan sonra anlatmaya tahtaya kalkıyordu. Bu çalışmanın karşılığı teşekkür veya takdir almak olmalıydı.

Peki, sonuç neden böyle olmuyordu?

Öğretmenler, kitaplardaki konuları tüm ayrıntılarına kadar anlatmalarına rağmen, sınavlarda öğrencilerinden bekledikleri başarıyı neden alamıyordu? Yapılan hazırlıkların, yırtılan boğazların, sürekli ders anlatarak harcanan 40 dakikaların, kısaca verilen emeklerin karşılığı bu mu olmalıydı?

Ya öğrencilere ne demeli? Konuları üç-beş kere okumalarının, sözlüye kalkıp (kitaba bakarak da olsa) anlatmalarının, çalışmak için uykusuz kalmalarının, hayatlarının en güzel anlarını sıralar arasında geçirmelerinin, meyvesi karnede sıralanan zayıflar mı veya tüm çabaların sonucu sınıfta işitilen azarlar ve evde yenilen dayaklar mı olmalıydı?

Hayır, hayır, elbette ki hayır! Sonuç böyle olmamalıydı...

Sizi sevmeyen birine "Beni hiç sevmiyorsun." deseniz bu onun zoruna gitmediği gibi *"Evet sevmiyorum, seni sevmek zorunda da değilim!"* bile diyebilir.Ancak sizi çok seven birine *"Sen, beni hiç sevmiyorsun."* derseniz, bu onun çok zoruna gider ve bu sözünüz onun için bir yıkım olabilir. Hatta sizi şaşkınlıkla karşılayıp *"Aaa... Neden böyle düşünüyorsun, bana haksızlık ediyorsun, sana olan sevgimden nasıl şüphe edersin?"* diye, sevgisini ispatlama yoluna gidebilir.

Öğrencilerini çok sevdiği, sahip olduğu birikimi öğrencisine aktarmak istediği, gecesini gündüzüne katıp öğrencisini yetiştirmek için uğraştığı halde öğrencisi tarafından "Bu öğretmen, bizi hiç sevmiyor" diye nitelenen bir öğretmenin durumunu da böyledir. Bu durumla karşılaşan öğretmenlerin inancını ve direncini nasıl yitirdiğine, tüm hevesinin nasıl kaybolduğuna, öğretmenlik aşkının nasıl tükendiğine ve "Lanet olsun böyle öğrenci milletine!" dediğine birçok kez üzülerek şahit olmuşumdur.

Öğretmenlerini çok sevdiği, başarılı olmak için çok çalıştığı, iyi notlar almak için oyununu, eğlencesini terk ettiği halde öğretmeninden *"Saygısızlar, aptal herifler! Siz zaten adam olamazsınız, geri zekâlı nankörler! Size verdiğim emeklere yazıklar olsun!"* sözlerini duyan öğrencilerin perişanlığına, yılgınlığına şahit oldum.

Şimdi karanlık bir yerde, sırtları birbirine dönük iki insanın kollarını açıp birbirini aradıklarını düşünün. Kolları açık olduğu ve birbirlerini kucaklamak istedikleri halde, karanlık yüzünden karşıdakinin kollarının açık olduğunu görmeyen hatta onun varlığını bile fark etmeyen bu iki insan sonra da kalkıp birbirlerini suçluyorlar. Kendilerinin diğerini bulmak ve kucaklamak için çok çaba harcadığını, ama öbürünün hiçbir çaba göstermediğini söylüyorlar…

Öğretmenini çok sevdiğini ama onun kendisini hiç sevmediğini hatta varlığını bile fark etmediğini söyleyen öğrenciler…

Diğer yandan öğrencisini çok sevdiğini, ona çok emek verdiğini, kollarını açıp onu çağırdığını ama öğrencisinin kendisine saygısızlık ettiğini, onu sevmediğini söyleyen öğretmenler…

Çok sevdiği çocuklarının karnını doyurmak, üstünü başına giydirmek, okul masraflarını karşılamak için durmadan çalışıp didinen ama çocuklarından beklediği saygıyı ya da başarıyı göremediği için üzülen babalar...

Akşama kadar evin içinde kocasına ve çocuklarına hizmet uğruna ömür tüketip saçını süpürge eden, hiçbir fedakârlıktan kaçınmayan ancak hem kocası hem de çocukları tarafından yaptıkları takdir edilmeyen, değeri bilinmeyen ve kendisini bir köle gibi hisseden anneler...

Anne-babasının kendisini anlamadığını hatta adam yerine koyup dinlemediğini "Sadece ders çalış, ödevlerini yap! Karneyi zayıf notlarla doldurup bizi el âleme rezil etme!" demekten başka söz bilmediğini, evde bir fazlalık olarak görüldüğünü ve önemsenmediğini düşünen gençler...

Herkes ama herkes anlaşılmamanın, sevilmemenin, gereğince önemsenmemenin üzüntüsüyle birbirini suçluyor, ama bu suçlamalar sorunlara çözüm getirmiyordu.

Problemin düğümlendiği ve bir türlü çözülemediği yeri tek kelimeyle ifade et deseler şöyle derim:

İLETİŞİMSİZLİK...

PEKİ, TELEVİZYONDA
MAÇ SEYRETMEYE NİYETLİ
ÇOCUĞUN, ANNESİ
TARAFINDAN SEVMEDİĞİ
HALDE PEMBE DİZİLERİ
İZLEMEYE ZORLANDIĞINI
BİR DÜŞÜNÜN. KIZI POP
MÜZİK SEVDİĞİ HALDE
BABASI TARAFINDAN KLASİK
MÜZİK DİNLEMEYE MECBUR
BIRAKILDIĞINDA NE DERECE
OLUMLU SONUÇ ALINABİLİR
DÜŞÜNÜN?

EĞİTİM ETKİLEŞİMDİR...

Eğitim; insanda istenilen davranış değişikliğini sağlama süreci olup karşılıklı iletişim ve etkileşim sanatıdır. Eğitim ortamında birbirini etkileyen taraflardan biri öğretmen diğeri ise öğrencidir. Öğretmen bilgi birikimi ve deneyimi ile öğrenciyi eğitip onda istenilen davranış değişikliğini oluştururken, kendisi de öğrencisinin gençliğinden, yaratıcılığından, etkilenir. Kısaca; hem eğiten eğitileni, hem de eğitilen eğiteni karşılıklı etkiler.

Bizim geleneksel yapımızda hep büyükler küçükleri, anne-babalar çocukları, öğretmenler öğrencileri, yöneticiler vatandaşları etkilemeye, eğitmeye ve onları değiştirmeye çalışmıştır. Kendileri ise onlardan etkilenmeyi ve onlar tarafından değiştirilmeyi pek düşünmemişlerdir. Bunun sonucu olarak eğitim; karşılıklı bir etkileşim olmaktan çıkıp tek taraflı etkilemeye dönüşmüş, dersler birlikte öğrenmekten ziyade dayatmaya çıkarılıp ve ezberletmeye yönelik hale gelmiştir. Bu durum da insandaki yeteneklerin ve atıl güçlerin gelişmesi yerine, insanların belirli kalıplara sokularak yeteneklerinin gelişememesi sonucunu doğurmuştur.

Sevip istediği ve kendisini geliştirmeyi düşündüğü bir eğitim yerine, sevmeyip istemediği ve asla benimsemediği bir dayatmayla karşılaşan öğrenci; okuldan, eğitimden ve öğretmenlerinden soğumuş ve onlara karşı ilgisiz kalmaya mahkûm edilmiştir. Bu ilgisizlik, onu eğitenleri daha da kızdırmış ve onları baskıya hatta öğrencilerine karşı şiddete yöneltmiştir.

Karnı acıkan biri hangi yemeği yiyeceğini düşünürken, birileri ona sormadan içecek bir şeyleri getirip ve zorla da içirmeye kalkışırsa elbette ki karnı acıkan kişi bundan tiksinti duyacaktır değil mi?

Peki, televizyonda maç seyretmeye niyetli çocuğun, annesi tarafından sevmediği halde pembe dizileri izlemeye zorlandığını bir düşünün.Kızı pop müzik sevdiği halde babası tarafından klasik müzik dinlemeye mecbur bırakıldığında ne derece olumlu sonuç alınabilir düşünün?

ÖĞRENCİLER, BAŞARISIZLIK HASTALIĞINA NEDEN YAKALANIR? BU HASTALIĞIN TEDAVİSİ NASIL YAPILIR? BAŞARININ YOLLARI NELERDİR? DERSLERİMİ ÖĞRENCİLERİN DAHA RAHAT ANLAYACAĞI BİR DÜZEYİNE NASIL İNDİRGEYEBİLİR VE ONLARI KENDİ DÜZEYİMDEN DAHA İLERİ NOKTALARA NASIL ULAŞTIRABİLİRİM?

ÇİÇEKLERİNİ TANIMAYAN BAHÇIVAN!

19 Mayıs Ortaokulu'nda eğiten ve eğitilenlerin birbirinden habersiz, birbirleri adına, birbirlerine fikrini sormadan gösterdikleri çabaların sonuçsuz kaldığını gördükçe üzülüyor ve buna bir çözüm bulunması gerektiğini düşünüyordum.

Kendimi şöyle bir yokladığımda, bu konuda pek bir şey bilmediğimi, yaşanılan sorunlara sınavlardan iyi not almak için okuduğum ders kitaplarıyla bir çözüm üretemeyeceğimi fark ettim. Üniversitedeyken kendimce çok idealist düşünüp her şeyi çözebilecek güçte olduğumu zanneden ben, şimdi karşılaştığım ilk sorunu çözmede yetersiz kalıyordum. İşte, o anda kendimi bilgiye susamış hissettim. Gerçekten de çok yetersizdim.

Peki, ne yapmam gerekiyordu?

Henüz derslere girmediğim için epeyce zamanım vardı. O halde ilk önce eğitim, gençlik psikolojisi, iletişim, başarının yolları, gençlik sorunları, öğrenci ve eğitim psikolojisi, insan ilişkileri ile ilgili kitaplar okumalıydım.

Kitap okumaya başladıktan sonra sorunların nereden kaynaklandığını daha iyi görür olmuştum. Devam ettikçe bu sorunların çözüm yollarının neler olabileceği de kafamda netleşmeye başladı.

Bir süre sonra kendimi tamamen eğitim-gençlik ve psikoloji kitaplarının içinde buldum. Ne zaman bir kitapçıya gitsem psikoloji kitapları "Al bizi, oku bizi!" diyor, gençlik ve eğitim kitapları da sanki *"Bizi fark etmedin mi? Bak biz bu taraftayız!"* diye parmak kaldırıyordu.

Okudukça, öğrencileri daha iyi tanıma imkânına kavuşuyordum, diğer taraftan okuma bilmediğim birçok konuyu fark ettirip deyim yerindeyse cahili olduğum konuların sayısını hızla arttırıyordu. Okumadan önce çok şey bildiğini zanneden ben, şimdi çok az şey bildiğimi görüyordum. Okudukça bildiklerimin bilmediklerime oranı sürekli azalıyordu. Kendimi bir an, bitki ve çiçeklerle ilgili hiçbir bilgisi olmadan bahçıvanlık yapmak üzere görevlendirilmiş bahçıvan gibi hissettim.

Hiçbir gülü tanımıyor ve birçok çiçeğin adını bile bilmiyordum. "Çiçekler nasıl yetişir, nasıl gelişir, ne zaman su, ne zaman gübre ve ne zaman ilaç ister, çiçek hastalıkları nelerdir, onlara zarar verebilecek böcekler hangileridir ve bunlarla nasıl mücadele edilir?" gibi sorulara verecek cevabı olmayan bir bahçıvan olarak acaba bahçemi ne kadar güzelleştirebilirdim? Nasıl mükemmel bir hale getirip "Dünyanın En Güzel Çiçekleri"ni burada yetiştirebilirdim?

Sonra öğretmenlik yapmak üzere devlet tarafından görevlendirilmiş olan kendi şahsımı düşündüm... Öğrencileri tanımıyor, onların adlarını bilmiyor hatta çoğu zaman varlıklarını bile fark edemiyordum. Hangi öğrencimin neye merakı ve ilgisi var? Onların kişilik özelliklerini, huylarını ve karakterlerini yeterince tanıyor muyum? Bir öğrencinin hangi yaşta psikolojisi nasıldır, hangi yaşın gelişim özellikleri nelerdir? Hangi öğrencim hangi alanda yeteneklidir, bu yeteneğinin farkında mıdır ve farkındaysa bu yeteneğini geliştirmek için ne yapmalıdır?

Öğrenciler, başarısızlık hastalığına neden yakalanır? Bu hastalığın tedavisi nasıl yapılır? Başarının yolları nelerdir? Derslerimi öğrencilerin daha rahat anlayacağı bir düzeyine nasıl indirgeyebilir ve onları kendi düzeyimden daha ileri noktalara nasıl ulaştırabilirim?

Öğrencilerin derslere olan ilgisini ve katılımını nasıl artırabilirim? Dersleri, bilgiyi, çalışmayı, öğrenmeyi nasıl sevdirebilir, okuma aşkını nasıl tutuşturabilirim?

Öğrencilerimin aile yapısı, sosyo-ekonomik durumu, kültürel yapısı, çalışma ortamı, aile ilişkileri nasıl? Onlar; benden, dersimden, okuldan, kısaca eğitimden neler bekliyor?

Peki, bu sorulara verecek cevabım yoksa ben nasıl iyi bir ortam oluşturup kaliteli eğitim verecek ve çağdaş uygarlık düzeyini yakalamış insanlar yetiştirebilecektim?

Çocukken bir gün eniştemin mısır tarlasına gitmiş "Ona yardım olsun" diye çapa yapmak istemiştim. Elime çapayı alıp tarlaya girdim. Otları temizlemek için diplerine vuruyor ve hepsini kökünden kopartıyordum. Bir süre sonra eniştem hışımla geldi yanıma ve bana bağırdı:

— Dur, dur, bırak o çapayı! Ne yaptığının farkında mısın?

Alnımda biriken terleri silerek ve yorgunluktan derin bir of çekerek belimi doğrulttum ve cevap verdim:

— Elbette farkındayım.

Bana kızdığını hiç görmediğim teyzem, hayıflanarak şöyle dedi:

— Ah tatlım, sen otlarla beraber mısırları da koparmışsın.

Meğer hayatında mısır nedir görmeyen ben, onları daha iyi yetişmeleri için çapalayayım derken, tamamen öldürüp yok etmiştim...

Peki, ya öğrencilerimi yetiştireyim derken onların da yeteneklerini yok edip öldürürsem?

Bu endişenin sadece aklımdan geçmesi bile çok korkunçtu. Böyle bir durumun gerçekleşmesi başarısızlıktan öte bir facia, bir katliam olurdu.Öğrencisini tanımadan, onu nasıl yetiştireceği konusunda yeterli bilgiye sahip olmadan onu eğitmeye kalkışan bir öğretmen, öğrencilerini, ancak bilgisiz bir bahçıvanın yetiştirdiği çiçek kadar yetiştirebilirdi:

Cılız, solgun, renksiz ve kokusuz...

YAKLAŞIK BİR AY ÖNCE TAŞINDILAR. YASEMİN'İN ÇOK HASTA OLAN VE TEDAVİ GÖRMESİ GEREKEN BİR ANNESİ VARDI. FAKİR OLDUKLARI İÇİN HASTANEYE YATIRAMADILAR. KİMİ KİMSELERİ YOKTU. KADINCAĞIZ GEÇEN AY ÖLDÜ, DÖRT ÇOCUĞU DUVAR DİBİNDE KALDI. SEN NESİ OLUYORSUN, AKRABASI MISIN?

ZEKİ MÜREN'E MEKTUP

Aradan üç ay geçti; yaz tatili yaklaşıyordu. Bu arada öğrencilerle daha sık görüşüp konuşuyor, "Gönül Bahçemin Çiçekleri"ni her geçen gün biraz daha yakından tanıyordum.

Bir gün yanıma, adı Yasemin olan ve orta üçüncü sınıfa giden bir öğrenci yaklaştı:

— Öğretmenim, siz her hafta İstanbul'a mı gidiyorsunuz?

— Evet canım, niçin sordun? (Yüksek Lisans dersleri almak için sık sık İstanbul'a gidiyordum.)

— Sizden bir şey istesem yapar mısınız?

— Yapabileceğim bir şeyse elbette.

— Size bir mektup versem İstanbul'a götürür müsünüz?

— Kime götüreceğim?

— Zeki Müren'e.

— Zeki Müren'e mi? Ben onun adresini bilmiyorum ki.

— Ben biliyorum, zarfın üzerine yazdım.

— Peki, öyleyse getir mektubunu.

Yasemin çok üzgün duruyordu. Çantasından çıkardığı mektubu bana verdi. Zarfın üzerinde Yasemin'in adı ve adresi ile Zeki Müren'in adı ve adresi yazılıydı. Yasemin'i biraz neşelendirmek için:

— Pul parasını vermiyor musun? dedim. O hiç oralı olmadı gülmedi hatta gülümser gibi bile yapmadı.

— Öğretmenim, mektubu Zeki Müren'in kendisine verin olur mu?

— Evde yoksa başkasına versem olmaz mı?

— Hayır, olmaz.

— Neden?

— Orasını sormayın. Mektubu verin ve hemen okumasını isteyin. Okuduktan sonra vereceği cevabı mutlaka bana getirin.

— Ne yazdığını merak ettim yoksa son çıkan kasetini mi istedin?

— Hayır Öğretmenim, kasetini istemedim.

— Peki ya ne istedin?

— ...

— Sakın; "Bu mektubu getiren insanı, Boğaz Köprüsü'nden aşağı atın!" diye yazmış olmayasın.

— Size güveniyorum Öğretmenim. Sakın mektubumu açıp okumayın. Eğer onu bulamazsanız tekrar bana getirin mektubumu. Söz mü Öğretmenim?

— Peki Yasemin, söz.

İstanbul'a gittiğimde, zarfın üzerinde yazılı olan adresi buldum. Zeki Müren'in Bodrum'a gittiğini ve uzun süre orada kalacağını söylediler. Adana'ya döndüğümde Yasemin'i buldum. Çaresizlik içinde bekliyor gibiydi ve haberi ilettiğimde çok üzüldü. Bir süre sessizce bekledikten sonra adeta son bir ümitle:

— Öğretmenim, o mektubu mutlaka Zeki Müren'e vermelisiniz, mutlaka.

— Çok mu önemli?

— Evet, hem de her şeyden çok.

Yasemin'in gözleri doldu. İki damla yaş yanaklarından aşağı süzülürken şöyle dedi:

— Bu mektup sizde kalsın. Ne olursunuz, yazın gittiğinizde bir daha uğrayın. Ve bana en kısa zamanda bir cevap getirin.

Yazın İstanbul'a gittiğimde Zeki Müren hâlâ dönmemişti. Tatil dönüşü, 25 Ağustos'ta Yasemin'in adresini bulup evine gittim. Komşuların söylediği sözler karşısında donup kaldım:

— Yaklaşık bir ay önce taşındılar. Yasemin'in çok hasta olan ve tedavi görmesi gereken bir annesi vardı. Fakir oldukları için hastaneye yatıramadılar. Kimi kimseleri yoktu. Kadıncağız geçen ay öldü, dört çocuğu duvar dibinde kaldı. Sen nesi oluyorsun, akrabası mısın?

— Hayır, Yasemin'in öğretmeniyim, ziyarete gelmiştim…

Köydeki annemin bana verdiği öğüt geldi aklıma:

— Aman evladım, talebelerine sahip çık, onları üzme. Belki de onların bazıları kimsesizdir, yetimdir, öksüzdür...

Sanki annem karşıma dikilmiş aynı sözleri tekrarlıyordu:

— Belki de onların bazıları kimsesizdir, yetimdir, öksüzdür. Yardıma ihtiyaçları olduğunda yanı başlarında seni bulsunlar. Benim sana kucağımı açtığım gibi sen de onlara kucağını aç evladım.

Komşularına nereye taşındıklarını sordum: "Bilmiyoruz, giderken bize de bir şey söylemediler!" dediler.

Okula döndüğümde annemin öğütleri hâlâ kulağımdaydı.

Bu arada Yasemin'in mektubunu okumak istedim. Zarfı elime aldım. Tam açmak üzereyken bunun dürüstçe bir davranış olmayacağını düşündüm. Çünkü Yasemin'e söz vermiştim. Bu mektup Zeki Müren'den başkasına verilmeyecek ve ondan başkası tarafından okunmayacaktı. Mektubu dolabıma koydum; belki Yasemin bir gün gelir de kendisine geri veririm diye…

Nihayet okullar açıldıktan 15 gün sonra Yasemin geldi:

— Artık o mektubu Zeki Müren'e vermenize gerek kalmadı. Siz okuyabilirsiniz, ancak tek şartla: Ben yanınızdan ayrıldıktan sonra!

— Başınız sağ olsun Yasemin.

Yasemin hayretle yüzüme bakıp sordu:

— Nereden biliyorsunuz yoksa mektubu okudunuz mu?

— Hayır okumadım. Tatil dönüşü evinize uğradığımda komşularınız söyledi.

Yasemin başını öne eğip bir süre öylece kaldı. Dalgındı.

— Şimdi neler yapıyorsun Yasemin?

— Köydeyim Öğretmenim.

— Okula devam etmeyecek misin?

— Hayır.

— Neden?

— Edemem Öğretmenim. Benden küçük üç kardeşim var. Onlara bakmak zorundayım.

— Kardeşlerine senden başka bakacak kimse yok mu?

— Hayır yok.

— Peki ya okulun?

— Bilmiyorum Öğretmenim, bilmiyorum.

Ne diyeceğimi bilemiyordum. Okumak isteyen Yasemin, çeşitli imkânsızlıklar yüzünden bu isteğini yerine getiremiyordu. Çaresizlik içerisinde sordum:

— Sana nasıl yardımcı olmak istiyorum; senin için yapabileceğim bir şey var mı?

— Hayır, Öğretmenim teşekkür ederim. Yalnız sizden şunu istiyorum. Bende uyandırdığınız okuma isteğini tüm öğrencilerde uyandırın. Bir de anne sevgisini mutlaka işleyin. Ben annemi önceden de seviyordum ama onu kaybedince değerini şimdi daha iyi anladım.

— Bunu tahmin edebiliyorum. Kardeşlerine annenin yokluğunu aratmayacağına da inanıyorum.

— Hayır Öğretmenim, onun yerini hiç kimse tutamaz!

Yasemin yine sustu. Bir süre sessizce oturduk. Sonra birdenbire kalktı:

— Müsaadenizle Öğretmenim, artık gitmeliyim. Size her zaman mektup yazacağım. Siz de bana mutlaka ama mutlaka yazın Öğretmenim. Yazın da okulumu mektuplarınızla köyüme taşıyın.

Yasemin gittikten sonra öğretmenler odasına gidip mektubu aldım. Sakin bir yer aradım. Bahçedeki dut ağacının altındaki banklar boştu. Hemen oraya gidip mektubu açtım ve okumaya başladım.

“Sevgili Zeki Müren

Ben, Adana 19 Mayıs Ortaokulu'nda okuyorum. Üçüncü sınıftayım. Biz dört kardeşiz. Babamla annem, biz okuyalım diye köyden ayrılıp Adana'ya geldiler. Babamın işi yok. Evin en büyük çocuğu benim. Diğer kardeşlerimden biri orta bir, diğeri ilkokul üçüncü sınıfa gidiyor. En küçüğümüz de daha dört yaşında.

Bu mektubu size şunun için yazdım: Benim annem hasta, tedavi edilmezse ölecek!.. Babam iş bulamıyor, paramız da yok. Sizin zorda kalanlara yardımcı olduğunuzu duymuştum. Size yalvarıyorum bize yardım edin. Ben ve kardeşlerim annemizin ölmesini istemiyoruz. Annemin öleceğini kimse bilmiyor; onun hastalığını arkadaşlarıma ve öğretmenlerime de söylemedim.

Lütfen, lütfen annemi tedavi ettirin! Kardeşlerim daha annesizliğe dayanamayacak kadar küçükler. Annem hasta yattığı için kaç gündür sıcak bir yemek pişiren olmadı, bir de ölürse ne yaparız hiç bilmiyorum!Annem iyileşirse ben okuyup doktor olacağım. Tüm hastaları tedavi edip iyileştireceğim. Hiç kimsenin annesiz kalmasına izin vermeyeceğim.

Bu mektubu alırsanız cevabını öğretmenime verin. Sizden gelecek müjdeli haberin hayalleriyle yaşıyorum. Annemin ölmesine göz yummayacaksınız değil mi?

Size dua edeceğim. Ellerinizden öpüyorum…

Yasemin"

Bu inanılmaz bir şeydi. Gururu yüzünden annesinin hastalığını bize söylemeyen Yasemin, farkında olmadan belki de yapılabilecek yardımları engellemişti. Artık olan olmuştu. Bundan sonra yapılabilecek bir şey yoktu. Yasemin'in annesi geri gelmeyecekti.

Demek sınıfımızda, okulumuzda nice Yaseminler vardı da haberimiz yoktu. Bahçemizde özel bakım isteyen çiçeklerin varlığından habersiz olan bizler, nasıl ki onları ilgisizlikten soldurup yok ediyorsak özel durumlarını bilmediğimiz, sorunlarından habersiz olduğumuz nice Yaseminleri, Ahmetleri, Muratları, Ayşegülleri yok edip öldürüyorduk. Onları tanımıyor, bilmiyor, anlamıyorduk; belki de dinlemiyorduk bile. İşin kolayına kaçıp suçluyor, bağırıp, çağırıyor ve emir cümleleriyle onlara sadece yapmaları gerekenleri dayatıp duruyorduk.

ÖĞRENCİYLE ARAMIZDAKİ
ENGELLERİ KALDIRMAMIZ,
AŞILMAZ DUVARLARI
YIKMAMIZ GEREKİYOR.
KENDİMİZİ, ÇEVREMİZDE
OLUŞTURDUĞUMUZ
KURALLARIN İÇİNE GEREKSİZ
YERE HAPSEDİYORUZ.
KURALLARI BİZ KOYUP
ÖĞRENCİNİN ONLARA
UYMASINI BEKLİYORUZ.

HANGİ ÖĞRETMEN NE DİYOR?

Tatile girmeden önce hem öğrenciler tarafından sevilen öğretmenlerle hem de sevilmeyen öğretmenlerle konuştum. Onlara eğitim, okul, öğrenci, öğretmen-öğrenci ilişkileri, başarı gibi konularda neler düşündüklerini sordum.

Öğretmenlerin bir kısmı çok karamsardı:

— Biz adam olmayız! Bu eğitim sistemi değişmeden devam ettiği sürece okullarda hiçbir güzel iş yapılamaz! Her şey çok kötüye gidiyor, diyordu.

Bazı öğretmenler umursamaz tavırlarıyla şöyle diyordu:

— Aman boş ver, el âlemin çocuklarıyla sen mi uğraşacaksın? Sokağın zibidisiyle, anne-babasının baş edemediği ile sen mi baş edeceksin? Ya da ülkeyi tek başına sen mi kurtaracaksın?

— Hayret ediyorum! Bazı öğretmenler öğrencilerle nasıl oluyor da tokalaşabiliyor? Daha ileri gidip şakalaşanlar bile var, olur mu canım? Bunlar resmen öğretmenliğin değerini düşürüyor. Bu gidişle çocuklarla biraz zor başa çıkarız...

Geçmişe özlem duyanların sayısı da az değildi:

— Aaah nerede o eski günler! Bizim zamanımızda böyle miydi canım? Öğretmen öğretmenliğini bilirdi, öğrenci de öğrenciliğini. Biz öğretmeni yüz metre öteden gördük mü; dizlerimizin bağı çözülür, kaçacak delik arardık. Önümüze çıkan ilk sokağa dalıp hemen yolumuzu değiştirirdik. Şimdiki öğrenciler neredeyse öğretmenin tepesine çıkacak. Geçenlerde, okula yeni gelen bir öğretmenin öğrenciyle resmen tokalaştığını gördüm. Ne günlere kaldık!

Yeni gelişmelere ayak uydurmakta zorlananlar da vardı:

— Benim bildiğime göre öğrenciye neler öğretileceğini, dersin ne kadar ve nasıl işleyeceğini öğretmen belirler. Hangi konuyu işleyecekse sınıfa gelir, o konuyu anlatır ve çekip gider. Geçenlerde bir öğretmen sınıfta öğrencilere,

"Derslerin nasıl işlenmesini istiyorsunuz, dersten ve öğretmenden neler bekliyorsunuz? Derslerimizde öncelikle konuşulmasını, tartışılmasını istediğiniz konuları yazar mısınız?"diye sormuş. Şimdi dersin nasıl işleneceğini öğrenci bilecek öyle mi? Be adam! Nasıl ders işleyeceğini bilmiyorsan ne diye öğretmen oldun? Bunlar bizi öğrencilerin karşısında maskara durumuna düşürecek alimallah.

Canla başla öğrencilere fayda sağlamak için çaba gösteren bir öğretmen şöyle diyordu:

— Öğrenciyle aramızdaki engelleri kaldırmamız, aşılmaz duvarları yıkmamız gerekiyor. Kendimizi, çevremizde oluşturduğumuz kuralların içine gereksiz yere hapsediyoruz. Kuralları biz koyup öğrencinin onlara uymasını bekliyoruz. Çağın gerisinde kalan bu anlayışla öğretmenlik yapılmasının ve sürdürülmesinin oysa pek de mümkünatı görünmüyor artık.Öğrenciler tarafından çok sevilen bir öğretmenin yaklaşımı çok farklıydı:

— Aslında pek bir şey yapmaya gerek yok; sadece dost olmaya çalış yeter. Öğrenci sana güvenmeli. Ben gülümsedim. Sevgimi hapsetmeden, o anlasın diye beklemeden ifade etmeye çalıştım. Şakalaştım, fıkralar anlattım. Okuma ve öğrenme sevgisi aşıladım. İlgi ve merak uyandırdım.Bir de öğrettiğim tüm konuları aktüaliteyle, çocuğun evde yaşadığı olaylarla birleştirmeye çalıştım. Canları ders yapmak istemediği zaman onları serbest bıraktım. “Her zaman onlar bizim istediklerimizi yapacak değil ya, bazen de biz onların istediğini yapalım”dedim. Bazı arkadaşların korktuğu gibi hiçbir öğrenci şımarmadı ve tepemize çıkmadı. İnsan hiç sevdiğini üzmek ve kırmak ister mi? Öğrenci de sevmeye görsün “Öl!” desen ölür. Bunlar çok zor değil Alişan Bey.

Gerçekten de Necdet Bey’in söyledikleri çok farklıydı. Bu yüzden de bana daha yakın geldi. Üstelik onun söylediklerini yapmak için öyle çok fazla çaba sarf etmek de gerekmiyordu. Kararımı verdim: Ne yapıp edip onunla aramda bir samimiyet oluşturmalı ve onun birikimlerinden yararlanmalıydım. Bu düşünceyle konuyu kendisine açtım:

— Necdet Bey, ben daha yeniyim. Bu konularda ne bir bilgim var ne de deneyimim. Bazı sorularım olacak, lütfen bana yardımcı adına müsait bir gününüzde buluşup biraz sohbet edebilir miyiz? deyince,

— Elbette, memnuniyetle hatta istersen bugün öğle yemeğine birlikte çıkalım, hem yemek yer hem de rahat rahat sohbet ederiz.

Necdet Bey'in teklifini büyük bir sevinçle kabul ettim. Yemekte geçirdiğimiz bir buçuk saat boyunca çeşitli konulardan konuştuk. Kalkarken Necdet Bey'e:

— Teşekkür ederim Hocam, her şeyi ile çok güzeldi, tadı damağımda kaldı.

— Haklısın, burası kebabı çok güzel yapıyor, demesi üzerine ikimizde kahkahayı koy verdik…

Daha sonraki günlerde Necdet Bey'le birkaç kez daha görüştük. Aramızda oluşan dostluk daha da gelişti. Necdet Bey bir gün beni akşam yemeği için evine davet etti:

— Eğer uygunsan seni yarın akşam bize bekliyorum.

—Tamam Hocam, teşekkür ederim, diyerek yola koyuldum.Eve geldiğimde son derece mutluydum. Bazı arkadaşlarımın deneyimlerinden faydalanarak öğretmenliğe yavaş yavaş ısınıyordum. Endişelerim yavaş yavaş dağılıyor yerini azimle, şevkle çalışmaya, sormaya ve araştırmaya bırakıyordu...

ALİŞAN BEY, BİR ÖĞRETMEN OLARAK HER ŞEYDEN ÖNCE KENDİMİZİ SEVMELİ VE KENDİMİZE SAYGI DUYMALIYIZ. SONRA ÖĞRENCİYİ SEVMELİ VE ONU ÖNEMSEMELİYİZ. ONA ELİMİZİ UZATIP OMZUNA ŞEFKATLE DOKUNDUĞUMUZDA, BİRÇOK ENGELİ HEP BERABER KOLAYCA AŞTIĞIMIZI GÖRECEĞİZ İNŞALLAH.

ÖĞRETMENLİK Mİ, GARDİYANLIK MI?

Önümüzdeki yıl derslere girmeye başlayacaktım, bu yüzden kendimi çok iyi hazırlamalıydım. Daha öncekilerin hatalarını tekrarlamadan sadece onların güzel ve olumlu davranışlarını alarak daha etkili bir öğretmenlik yapmaya çalışmalıydım. Bu konuda Necdet Bey'e onunla daha önce konuştuğumuz konuların dışında neler sorabileceğimi düşünüp soruları bir kâğıda yazdım. Artık ertesi akşamın gelmesini sabırsızlıkla bekliyordum.

Öğlenci öğrencilerin son dersinden çıktıktan sonra Necdet Bey'in evine gittik. Eşinin özenle hazırladığı akşam yemeğini yedikten sonra büyük kızı Arzu tavşankanı çayları getirdi.

Çaylarımızı yudumlamaya başladığımızda Necdet Bey konuyu açtı:

— Biliyor musun Alişan Bey, dokuz yıllık öğretmenim ama daha yeni yeni öğretmen olduğumun farkına varıyorum! Öğretmenlik üniversitelerde verilen teorik bilgilerin daha ötesinde bir şey. Daha çok yaparak, yaşayarak, deneyerek öğreniyormuş insan bunu.

— Bir süreç mi?

— Evet, öyle.

— Yani Hocam, dokuz yıl önceki Necdet Öğretmen ile şimdiki Necdet Öğretmen farklı mı?

— Evet, hem de çok farklı.

— Hangi yönlerden Hocam, bu konuyu biraz daha açar mısınız?

— İlk yıllarda kafanızdaki doğrularla başlıyorsunuz. Öğrenciyi tanımak yerine, onu kendi kafanızda daha önce oluşturduğunuz fotoğrafa uydurmaya kalkışıyorsunuz. Her şeyi tam olarak bildiğinizi, dünyayı kurtaracak güçte olduğunuzu, çok kısa bir zaman içerisinde mükemmel sonuçlar alacağınızı zannediyorsunuz ve akabinde daha ilk günlerde hayal kırıklığına uğruyorsunuz. Zaman geçtikçe toplumsal gerçekliğin sizin öğrendiğinizden farklı olduğunu görüyorsunuz. Sonra, yavaş yavaş ayaklarınız yere basmaya başlıyor. Önce şaşırıyorsunuz, bildiklerinizle, yaşamak zorunda kaldıklarınız karşısında çelişkiye düşüyorsunuz.

— Yani, bu noktada her şey bitiyor mu?

— Bu, kişiye göre değişiyor. Bu noktada verdiğiniz karar geleceğinizi, mesleğinizdeki davranışlarınızın niteliğini belirliyor.

— Peki, bu nasıl bir karar?

— Ya pes edip kendinizi bırakıyor *"Nasılsa her şey olacağına varır!"* diyorsunuz, akıntıya kapılıp gidiyorsunuz ya da tüm bilgilerinizi gözden geçirip her şeyi yeniden değerlendiriyorsunuz. Kendi kendinize var olduğunu sandığınız sorunlara hayali çözümler dayatmak yerine, öğrencinizin çözülmesini beklediği gerçek sorunlara yöneliyorsunuz.

— Bir bakıma tamam mı, devam mı diye bir kararı yani?

— Evet evet, Allah'a şükürler olsun ki ben devam kararı aldım. Bu kararımdan da çok memnunum.

— Evet Hocam, sanırım bu yüzden de çok seviliyorsunuz. Peki, şunu da sorabilir miyim? Devam kararını almanızda etken olan faktörler nelerdi?

— Cıvıl cıvıl olan öğrencilerle birlikte olmak, birçok şeyi paylaşmak harika bir duygu. Öğrencilerin birçoğu adeta yalvaran gözlerle "Bizi aydınlık yarınlara götürün Hocam!" diyor ve sanki ellerini bize uzatmış, "Lütfen tutar mısınız?" diye yalvarıyordu. Bizim de kendilerine umut ışığı olmamızı can-ı gönülden bekliyorlarken onların bu bekleyişine kayıtsız kalamazdım, kalmadım da... Zatenbranşım 'Edebiyat' olduğu için insanlara güzel duygular sunmayı, onların kalplerine seslenmeyi, ruhlarında ve iç dünyalarında gizli kalmış güzellikleri ortaya çıkarmayı çok seviyorum.

— Peki Hocam, sonraki olaylar beklediğiniz gibi mi gelişti?

— Bu soruya nasıl cevap vereyim? Tabii ki her şey tamamen benim istediğim gibi gelişmedi. Öğrenciyle sağlıklı bir iletişim kurduğunuz zaman birçok sorunu aşmış sayılırsınız ancak maalesef yeni gelişmelere ayak uyduramayan ve kendini yenilemeyen bazı öğretmenler yapmak istediklerinize engel oluyorlar. Yeni bir şey söyleseniz dinleyip anlamadan hemen itiraz ediyor hatta farklı bir davranış sergilediniz diye sizinle alay edip küçümsüyorlar.

— Siz neler yapıyorsunuz, neler söylüyorsunuz da onlar karşı çıkıyorlar? Yaptıklarınız öğrenciler için zararlı şeyler mi ki?

— Örneğin "Çocukları Fen Lisesi Sınavları'na hazırlayalım." diyorum; *"Amaaan boş ver! Zaten bir hafta sonu tatilimiz var onu da zehir mi edelim?"* diyorlar. Ya da *"Hiç gecekondu okulundan ve böylesine tembel çocuklardan bu sınavını kazanan çıkabilir mi Necdet Bey?"* diyorlar.

Bir başka örnek: Belki sen yeni olduğun için daha bilmezsin, okullarımızdaki öğrencilerin kitap okuma alışkanlığı pek yok. Ben diyorum ki; *"Arkadaşlar öğrencileri kitap okumaya teşvik edelim, eğer kitapları yoksa kendi kitaplarımızdan verip onlara yardımcı olalım."* Bazıları hemen itiraz ediyor; *"Hayrola Necdet Bey, öğrencileri kendi düşünceleriniz doğrultusunda mı yetiştirmek istiyorsunuz?"* Bazıları da korkuyorlar; *"Olmaz Necdet Bey, bizi şikâyet eden olursa soruşturma geçiririz. Bu yaştan sonra sürülmeye pek niyetim yok."* Bazıları ise;

"Bu çocuklar daha ders kitaplarını okumuyor, nerede kaldı diğer kitapları okuyacak!.." diye, itiraz ediyordu.

Aslında Alişan Bey, bunlar öğretmenlerin kendileri hakkındaki bir nevi itirafları. Şunu üzülerek söylemem gerekiyor ki; biz öğretmenler de okumuyoruz. Elbette ki okumayan bizler, okutmayacaktık da!..

Öğrencileri arada bir tiyatroya, sinemaya götürmeyi önerdiğimde "Eski köye yeni âdet mi getiriyorsun? Hem çocukların başına bir iş gelirse sen sorumluluk alacak mısın?" diyerek, köstek oluyordu.

Necdet Bey bunları anlatırken ben, yine korkmaya ve karamsarlığa kapılmaya başladım. O konuştukça içimden "Eyvah, yandık!" diyordum.

— Demek öğretmenler böyle düşünüyor, böyle konuşuyordu. Belki bilerek, belki de bilmeyerek size engel oluyorlardı. Peki, Necdet Bey, ya öğrenciler, onlar nasıldı? Farklı davranışlar sergilediğinizde onların tepkisi nasıl oluyordu?

— Öğretmen arkadaşların aksine onlardan çok olumlu tepkiler alıyordum. Örneğin, derslere başlamadan önce onların düşüncelerini soruyordum. Dersleri nasıl işleyeceğimize onlarla birlikte karar veriyorduk. Kendi verdikleri kararlara uyuyor ve haliyle de çok başarılı oluyorlardı.

Onlara gösterdiğiniz azıcık bir sevginin karşılığını, büyük bir saygı olarak görüyorsunuz. Siz onların seviyesine inip birlikte çalıştığınızda, onlar sizin düzeyinize çıkmak için isteyerek çalışıyordu.

— Not verme konusunda neler düşünüyordunuz?

—Yıllardır not için çalışmaya şartlandırılmış olan öğrencilere notun dersi kavramaktan sonra geldiğini anlatabilmek pek de kolay olmadı. Tüm yaptıklarınıza rağmen, öğrencideki arkadaşına bakma ve kopya çekme eğilimini yok edemiyorsunuz. Ben notu hiçbir zaman silah olarak kullanmadım. Bence not tehdidiyle öğrenci çalıştırmak, gönül rızası olmadan birini zorla evlendirmeye çalışmak gibidir. Deyim yerindeyse öğrencinin beynine tecavüz etmektir. Düşünsene; seni sevmeyen, seni dinlemek, dersini öğrenmek istemeyen birine, zorla, canını sıkarak ve onu senden nefret ettirerek bir şeyler anlatmaya çalışıyorsun. Bu işkence değil de nedir şimdi?

Necdet Bey'in söylediği son sözler beni çok etkilemişti. Zorla ders anlatmayı öğrencinin beynine tecavüz etmeye benzetmişti. O zaman demek ki okullarımızda beyin tecavüzüne uğramayan öğrenci kalmamıştı. Birçok kimse eğitim yerine, işkence memurluğu yaptığının farkında bile değildi.

Necdet Bey'le konuşmamız epeyce sürdü. Düşüncelerini oldukça farklı ve ilginç bulmuştum.

— Necdet Bey, tüm konuşmalarınızı özetlemenizi rica etsem ne söylersiniz?

— Alişan Bey, bir öğretmen olarak her şeyden önce kendimizi sevmeli ve kendimize saygı duymalıyız. Sonra öğrenciyi sevmeli ve onu önemsemeliyiz. Ona elimizi uzatıp omzuna şefkatle dokunduğumuzda, birçok engeli hep beraber kolayca aştığımızı göreceğiz inşallah.

Necdet Bey'e bu doyurucu sohbetinden dolayı, teşekkür edip ayrıldım. Eve gelirken yol üstündeki bir meyhanenin önünde toplanan kalabalık dikkatimi çekti. Yaklaştığımda bir grup gencin içtikten sonra kavga ettiklerini, birbirlerini bıçakla yaraladıklarını gördüm. Polis olaya karışanları götürürken arkalarından bağıran, birbirini suçlayan erkeklerin, "Yavrumu götürmeyin!" diye feryat eden kadınların perişanlıkları dikkatimi çekti.

Yatağıma uzandığımda, *"Yavrumu götürmeyin!"* diye bağıran kadın geldi gözümün önüne. Çocuğunun sonunun ne olacağını bilmiyordu. Elleri kelepçeli olan suçlu genç, korku dolu gözlerle etrafına bakıyordu. Yaralanan genç ise; *"Çok kan kaybediyorum, ölmek istemiyorum! Ne olur beni bir hastaneye götürün!"* diye yalvarıyordu.

Acaba onları bu duruma iten nedenler nelerdi? Sakın okullarda beyinlerini örselediğimiz, adeta okulda nefret ettirmek için çaba harcadığımızgençler bizde veya ailelerinde bulamadıkları mutluluğu birahanelerde aramış olmasınlar?

Bu olayın sebebi benmişim gibi kendimi suçlu hissettim. Gençler, bu durumlara düşmemeliydi. "Gençliğimizin bize ümitle uzattığı eli nasıl tutabilirim?" diye düşünürken uyuyakalmışım...

HAYIR ÖĞRETMENİM,
BENCE HİÇBİR GELENEĞE,
TÖREYE KÖRÜ KÖRÜNE
UYMAMALIYIZ. ÇÜNKÜ
BUNLARIN İÇİNDE BİZİM
GELİŞMEMİZİ ENGELLEYEN
ETMENLER OLABİLİR.

SEVGİYLE SAĞLANAN DİSİPLİN

Okulumuzda dikkatimi çeken bir durumu daha anlatmadan geçemeyeceğim: Okul müdürümüz Ahmet Koca, benim göreve başladığım tarihten yaklaşık bir ay önce buraya tayin edilmiş. Göreve başladığım ilk gün, beni çok sevecen bir tavırla karşılayan Ahmet Bey, törenlerde karşıdaki insanda saygınlık uyandıracak bir ciddiyetle dururdu. Net ve kararlı ses tonu, kesin tavırları ve kendinden emin hareketleriyle sevgiye dayalı güzel bir otorite sağlamış ve adı kötüye çıkan okulumuzu disiplin altına almıştı.

Ben daha öğretmenliği bilmediğim, üniversitedeki öğrencilik havasından kurtulmadığım, biraz da özgür takıldığım için öğrencilerin Müdür Bey'den korktuklarını zannederdim. İki sınıfa derse girdiğini öğrendiğimde *"Allah, o sınıftaki öğrencilerin yardımcısı olsun."* demiştim. Dışarıda otoriter ve disiplinli olan bu adam kim bilir sınıfta da bu tavrını sürdürmek için nasıl bir ortam yaratıyordu?

Bir gün bahçede öğrencilerle sohbet ederken laf dönüp dolaştı ve sevilen öğretmenlerin özelliklerine geldi. Öğrenciler beğendikleri ve beğenmedikleri özelliklerimizi söylediler. İçlerinden biri şöyle dedi:

— Bizim sınıfta en çok sevilen öğretmen Ahmet Bey'dir.

— Hangi Ahmet Bey?

— Müdürümüz.

— Müdürümüz mü?

— Evet.

Öğrencinin şaka yaptığını ya da bir öğretmenin yanında müdürden korktuğu için böyle dediğini zannettim. Arkasında da şöyle sordum:

— Peki, Ahmet Bey'i neden çok seviyorsunuz?

— Çünkü o, dersi işlerken her zaman bizim de görüşlerimizi soruyor ve görüşlerimize saygı duyuyor.

— Dersleriniz tartışmalı mı geçiyor?

— Evet, Hocamız önce konuya başlar ve daha sonra sözü bize verir. En çok biz konuşuruz ve kendi aramızda tartışırız. O da bizi dikkatle dinler.

— Görüşlerinizden dolayı size kızdığı olur mu?

— Kızmak mı? Neden kızsın ki?

— Ne bileyim işte. Tartışma esnasında tüm söyledikleriniz doğru mu?

— Değil elbette. Ama biz yanlış söylesek de o bir şey demez. İnanmıyorsanız sınıfımıza gelip dersimizi dinleyin ve kendiniz görün.

Birkaç hafta sonra kendisiyle birlikte derse girmek için Ahmet Bey'den izin aldım. O öğrencinin söylediklerinin doğru olup olmadığını merak ediyordum. Eğer doğruysa dışarıdaki bu otorite ile içerideki sevgi ortamını nasıl oluşturuyordu?

Sınıfa girerken Ahmet Bey'in selamlama biçimi dikkatimi çekti:

— Günaydın Arkadaşlar.

Evet, evet yanlış duymamıştım. Müdür Bey sınıftaki öğrencilere "Arkadaşlar!" diye sesleniyordu. Demek ki sınıftaki öğrencileri, kendisine arkadaş olma düzeyine çıkarıyordu ya da kendi müdürlük sıfatını dışarıda bırakıyor, sınıfa öğrencilerin seviyesinde bir arkadaş olarak giriyordu.

Sonra beni öğrencilere tanıttı. En arka sıraya geçip oturdum. Şimdi sınıfı gözlemleyecek, sevilen bir ders ortamının nasıl yaratıldığını yakalamaya çalışacaktım.Konu; örf, âdet ve geleneklerin toplum hayatındaki yeriydi. Kendi kendime *"Bakalım orta üçüncü sınıftaki çocuklar bu konuya nasıl bakacaklar?"* diye düşündüm. *"Herhalde Ahmet Bey anlatacak ve sadece ben dinleyeceğim."* diye de ekledim.

Ahmet Bey önce birkaç cümleyle örf, adet ve gelenek kavramlarını açıkladı. Ardından hepimizin bildiği, karşılaştığı ve yaşadığı canlı örnekler verdi.

Sınıfın dikkatini çekip şu soruyu sordu:

— Arkadaşlar, örf ve âdetlerimize her zaman uymalı mıyız, uymamalı mıyız? Siz âdetlere uyuyor musunuz?

— Evet Öğretmenim, her zaman uymalıyız.

— Neden?

— Çünkü Öğretmenim, gelenek ve görenekler toplumsal bütünlüğüsağlar, birlik ve beraberlik duygusunu güçlendirir.

Ben bu arada Müdür Bey'i izliyordum. Tahtanın önüne geçip dikildi. Başlangıçta birkaç öğrencinin parmağı havadayken, zamanla parmak kaldıranların sayısı artmaya başladı. Müdür Bey hiç konuşmuyor, sadece konuşmak isteyenlere söz hakkı veriyordu. Sınıfı bir orkestra şefinin, orkestrayı yönetmesi gibi yönetiyordu. Öğrencilerin tartışmaları gerçekten çok ilginçti.

— Hayır Öğretmenim, bence hiçbir geleneğe, töreye körü körüne uymamalıyız. Çünkü bunların içinde bizim gelişmemizi engelleyen etmenler olabilir.

— Örneğin?

Serpil kendinden emin bir şekilde kalktı:

— Mesela; başlık parası! Bazı babalar kızlarını evlendirirken başlık parası alıyor. İnsan herhangi bir satılık eşya değil ki...

Fuat parmak kaldırıp Serpil'e döndü:

— Yani, şimdi sen başlık parasına karşı mısın?

— Evet.

— Demek sen evlenirken başlık parası istemeyeceksin öyle mi?

— Evet.

Fuat sınıfa bakıp:

— Arkadaşlar Serpil bedava gidecekmiş, deyince sınıfta müthiş bir kahkaha tufanı koptu. Ahmet Bey de gülüyordu.

Serpil görüşlerinde ısrar ederek;

— Peki Fuat, sen kızını evlendirirken onu bir eşya gibi satar mısın? diye sorunca Fuat sessiz bir şekilde yerine oturdu. Serpil konuşmasına devam etti:

—Hocam, bence örf ve adetleri yeniden gözden geçirmeliyiz. Faydalı olanları sürdürmeli, zararlı olanları terk etmeliyiz. Düğün ve cenazelerde akrabaların, komşuların sevinç ve üzüntüleri paylaşmak için toplanmaları çok güzel, bunları devam ettirebiliriz.Bir de âdetlerin birçoğu küçükleri kontrol etmek için uydurulmuş zaten.

— Nasıl?

— Büyüklerin yanında konuşulmaz, eti senin kemiği benim, büyükler ne derse doğrudur, gibi.

YAZIK DEĞİL Mİ
ARKADAŞLAR? GEÇEN
YIL BENİM BABAMI DA
VURDULAR. BİZ DE
ANNEMLE KAÇIP TAA
BURALARA DAYIMLARIN
YANINA GELDİK. LÜTFEN
BU ÂDETLER KALDIRILSIN,
KİMSENİN BABASI, ABİSİ
ÖLMESİN... ÖLDÜRENLER
DE HAPİSTE HAYATLARINI
ÇÜRÜTMESİN!

KAN DAVASI OLMASIN ÖĞRETMENİM

Ön sırada oturan Güneş ismindeki kız öğrenci, parmak kaldırıp söz aldıktan sonra duygu dolu sesiyle konuşmaya başladı:

— Öğretmenim biz Mardin'den geldik ve oralarda hep kan davası vardır. Düşman olan aşiretlerdeki adamlar daima birbirlerini öldürmek için fırsat kollar durur. Çoğu zamanda suçsuz insanlar bu kötü örf yüzünden ölüp gider pisipisine. İlkokuldayken kimi arkadaşlarımın babaları sırf bu yüzden öldürüldü ve arkadaşlarımız yetim kaldı. Hepimiz çok üzüldük.

Güneş sustu. Çok duygulanmıştı, heyecandan konuşamıyordu. Bir süre sonra sesi titreyerek konuşmasına devam etti:

— Yazık değil mi arkadaşlar? Geçen yıl benim babamı da vurdular. Biz de annemle kaçıp taa buralara dayımların yanına geldik. Lütfen bu âdetler kaldırılsın, kimsenin babası, abisi ölmesin… Öldürenlerde hapiste hayatlarını çürütmesin!

Daha fazla devam edemedi; yerine oturup başını sıraya koydu ve hıçkırarak ağlama başladı. Müdür Bey'in gözleri yaşardı. Yavaşça Güneş'in yanına gelip elini bir baba şefkatiyle onun başına koydu:

— Üzülme canım. Bak artık yanında biz varız, seni seven arkadaşların var. Şimdi sana bir görev düşüyor. Derslerine çok çalışıp üniversiteyi kazanacaksın. Sonra da köyüne dönüp bu örflerin zararını anlatacaksın. Böylece başka arkadaşlarının babasız kalmasını önleyeceksin. Hadi bakalım, şimdi bize söz ver.

— Tamam Öğretmenim.

Bu arada teneffüs zili çaldı. Dersin nasıl geçtiğini anlamamıştım bile. Ama öğrencilerin Müdür Bey'i neden sevdiklerini, onun dersinin gelmesini neden iple çektiklerini çok iyi anlamıştım.Ahmet Bey derse gelirken müdürlük sıfatını dışarıda bırakıyor, Ahmet Öğretmen olarak sınıfa giriyordu. Sınıfta gerçek bir öğretmendi ve dudaklarından dökülen sıcacık "Arkadaşlar, Canım!" kelimeleriyle öğrencilerin kalbine bir daha oradan çıkmamak üzere yerleşiyordu. Öğrencilerin düşüncelerini rahatça ortaya koymaları için onları konuşmaya teşvik ediyor, konuşma esnasındaki yanlışlıkları öğrencilerin yüzlerine vurmuyor, başka sorularla onları kırmadan hatalarını anlamalarını sağlıyordu.

Düşüncelerini dile getirmekte zorlanan bir öğrenciye *"Peki, bu konuda şöyle desek nasıl olur?"* diyerek yardımcı olurken öğrencilerin esprilerine, espriyle karşılık veriyordu.

Farkında olmadan aşırı gidenlere kızmak yerine hoşgörülü davranarak o ince ve harika dengeyi sağlıyordu.

Hele sınıfta ağlayan Güneş'in yanına gidip ona şefkatle bakması, ona güven verip yalnız olmadığını hissettirmesi, onu benim ve öğrencilerin gözünde daha da büyütmüştü.

Ahmet Koca'nın öğrencilerin gözündeki büyük sevgiyi, sadece müdürlük sıfatıyla veya sahip olduğu bilgiyle değil; bildiklerini pratiğe dökmesi, öğrencilerini önemsemesi, sevecenliği ve onlarda uyandırdığı öğrenme arzusuyla hak ettiğini anlamıştım. Onda ve ders işleyiş yönteminde benim için model olabilecek birçok özellik vardı. Dıştan sert görünüşlü olmakla beraber yine de dışarıya yansıtmadığı zengin bir iç dünyaya sahip bu güzel insanı yakından tanıdıkça, bendeki müdürlük kavramı da değişiyordu. O güne kadar, müdürlerin kocaman koltuklarına gömülüp bir robot gibi sadece gelen-giden evrakı imzaladıklarını, törenlerde disiplinli görünmek için bağırıp çağırdıklarını, emri altındakileri sindirmekten öte bir şey yapmadıklarını zannederdim. Onu tanımayanlar da kendi ön yargılarıyla Ahmet Koca hakkında böyle düşünüyordu herhalde. Ama o alışılagelen idarecilerden farklıydı. Öğrencilerin ve öğretmenlerin sorunlarıyla yakından ilgileniyor, sorunları çözüme kavuşturmak için uğraşıp duruyordu. Onu gözlemledikçe birçok konuda olduğu gibi müdürlük konusundaki düşüncelerimin de yanlış olduğunu gördüm.

BİZ ABDULLAH'IN SEVGİ
DOLU BİR ORTAMDA
YETİŞMESİ İÇİN ELİMİZDEN
GELENİ YAPTIK. YİNE DE ONA
KENDİ BABASININ ŞEFKATİNİ,
ANNESİNİN SEVGİSİNİ
TAM OLARAK VEREMEDİK
ANLAŞILAN. ŞİMDİ
ABDULLAH'TA BİR ŞÜPHE
VAR. ARTIK ONA GERÇEĞİ
AÇIKLAMAK GEREKTİĞİNİ
DÜŞÜNÜYORUZ.

YALANCI ÇOCUK

Bir gün nöbetçi öğrenci yanıma gelip *"Öğretmenim, Müdür Bey sizi odasına bekliyor."*dedi. Odasına gittim, 55–60 yaşlarında bir adamla oturuyordu.

Bana dönüp:

— Bak Alişan, çok önemli bir sorunumuz var, dedi.

— Buyurun Hocam.

— AbdullahUlusoğlu'nu tanıyor musun?

— Evet, orta ikinci sınıftaki uzun boylu Abdullah değil mi?

— Evet o.

— Evet Hocam.

— Derslerine giriyor musun?

— Birkaç defa boş geçen derslerine girmiştim.

— Dersleri nasıl?

— İyi sayılmaz.

— Ya davranışları?

— İçine kapanık bir çocuk; sınıfta hiç konuşmuyor, parmak kaldırmıyor, tartışmalara katılmıyor. Çok sevimli ve sempatik, kendisiyle oturup baş başa konuşmak istiyordum zaten ben de.

— Tamam işte, ben de seni bunun için çağırdım.

— Sorun ne Hocam?

— Bak, bu bey Abdullah'ın velisi. İstersen olayı ondan dinleyelim.

Yaşlı adam oldukça üzgün ve bitkin görünüyordu. Hüzünlü bir sesle konuşmaya başladı:

— Efendim, ben Abdullah'ın dedesiyim, ama o beni babası olarak biliyor. Abdullah bir yaşındayken annesi ve babası trafik kazasında öldü. Abdullah da kaza yapan arabanın içindeydi, o yara almadan kurtuldu. Çevremizdekiler onu bir çocuk yuvasına vermemizi tavsiye ettiler. Biz razı olmadık. Bizim hanımla, onu yanımıza almaya ve kendimizi annesi-babası olarak tanıtmaya karar verdik. Nüfus cüzdanında kendi annesinin ve babasının adı yazılı. Ama biz nüfus cüzdanını kendisine hiç göstermedik. İlkokuldaki öğretmeniyle görüşüp durumu anlattık. Sağ olsun o da yardımcı oldu. Abdullah bizim öz annesiyle babası olmadığımızı öğrenmedi. Buraya yazdırırken de nüfus cüzdanını gizli tuttuk. Orta birinci sınıftaki öğretmeni durumu biliyordu. Onların sınıf öğretmeni yeni değişmiş. Rehberlik saatinde çocukların ders durumlarını görüşüyormuş. Abdullah'ın zayıf dersleri çok olduğu için kendisine kızmış. Dosyasına bakarken aile durumuyla ilgili sorular sormuş. Abdullah'a *"Babanın adı ne?"* diye sormuş. Abdullah da *"Zafer, Öğretmenim."* demiş. Fakat öğretmen nüfus cüzdanı suretinde *"Kemal!"* olduğunu görünce Abdullah'a sertçe bağırıp *"Sen benimle dalga mı geçiyorsun? Bir de utanmadan yalan söylüyorsun. Şimdi zayıflarının neden çok olduğu anlaşılıyor. Babanla görüşmek istiyorum, onu en kısa zamanda okula bekliyorum,"* demiş. *"Sen, babamın adı Zafer diyorsun, ama nüfus cüzdanında Kemal yazıyor,"* demiş öğretmeni.

Abdullah akşam eve geldiğinde aramızda şöyle bir konuşma geçti:

— Baba senin kaç adın var?

— Kaç adım olacak oğlum, elbette bir tane.

— Peki baba, benim nüfus kağıdım nerede?

Sanki beynimden vuruldum. Birdenbire dilim tutulmuştu. Kendimi toparlamaya çalışarak:

— Okulda, dedim.

— Ama baba nüfus kâğıdında senin adın Kemal'miş. Bugün öğretmenim söyledi. Bir de bana "Yalancı!" dedi. Öğretmenimiz seninle konuşmak istiyor. Yarın okula gelmen gerekiyormuş.

— Olur, giderim oğlum. Belki de bir karışıklık olmuştur, sen üzülme, dedim.

Abdullah o akşam durgundu, endişeli görünüyordu. Yemekten sonra hiçbir şey konuşmadan *"Ödevim var..."* deyip erkenden odasına çekildi.

Abdullah sabah uyandığında, o gece gördüğü rüyayı bize anlattı:

— Baba, bugün rüyamda hep seni gördüm. Üstelik de adın Kemal'di. Ben senin kucağına koşuyordum, tam kollarımı açıp seni kucaklayacakken sen birdenbire kaçıyordun. Biraz ileri gidip tekrar beni çağırıyordun. Ben koşup geldiğimde sen yine kaçıp duruyordun...

— Hayırdır inşallah oğlum. Herhalde dünkü olayın etkisinde kaldın.

— Evet baba, öğretmenimin bana yalancı demesine çok üzüldüm. Abdullah evden ayrılırken bana dönüp bir şey söylemek istedi:

— Baba!

— Söyle oğlum.

— Sana bir şey sorsam doğru söyler misin?

— Tabii oğlum, sor.

— Baba.

— Evet.

— ...

— Hadi oğlum, sorsana.

— Neyse baba, sonra sorarım.

Ve Abdullah endişeli bir ifadeyle evden ayrılıp okula gitti.

Yaşlı adam gözyaşlarını tutamayıp hıçkırıklarla bir süre ağladı. Kendini toparlamaya çalışarak devam etti:

— Biz Abdullah'ın sevgi dolu bir ortamda yetişmesi için elimizden geleni yaptık. Yine de ona kendi babasının şefkatini, annesinin sevgisini tam olarak veremedik anlaşılan. Şimdi Abdullah'ta bir şüphe var. Artık ona gerçeği açıklamak gerektiğini düşünüyoruz.

Adama hayretle sordum:

— Yani ona kendi anne ve babasının siz olmadığını mı söyleyeceksiniz?

— Evet, öyle düşünüyoruz. Ama bilmiyorum ki!

Müdür Bey burada söze karıştı:

— Sen ne diyorsun Alişan Bey, ne yapmak lazım?

— Bilmiyorum ki, çok zor bir durum. Her şey karmakarışık.

— Bak Alişan Bey, Abdullah'ın psikolojik durumunu iyice bir incele, durumunu değerlendir. Sonra bir şeyler yapıp bu sorunu mutlaka çözelim.

— Tamam Hocam. O zaman bana biraz süre verin, duruma bir bakıp bu arada Abdullah'la da konuşayım. Bakalım şüpheleniyor mu? Hem onu da daha yakından tanımış olurum bu vesileyle.

Bu arada yaşlı adama döndüm. Yalvaran gözlerle bana bakıyordu.

— Bakın Zafer Bey, size yardımcı olacağım. Siz de bu arada Abdullah'ın sınıf öğretmeniyle görüşün. Durumu kendisine anlatın. Sanırım o da bir çözüm yolu gösterecektir. Ben Abdullah'la konuşacağım. Ne yapılacağına karar verdiğimizde sizinle tekrar görüşeceğiz.

— Çok sağ olun efendim. Allah razı olsun.

O gün akşama kadar, Abdullah'ın durumu aklımdan hiç çıkmadı. Her zaman sevimli bir şekilde gülen Abdullah sanki gözyaşlarıyla karşıma çıkıyor ve "Ne olur bana doğruyu anlatın!" diye yalvarıyordu.

Bu olaydan o kadar etkilenmiştim ki o gece uzun süre uyuyamadım. Abdullah'la nasıl konuşacak ve ona ne diyecektim? *"Abdullah, anne-baba bildiğin insanlar aslında senin ninen ve deden. Anne baban da kazada ölmüşler"* demek mümkün müydü? Abdullah o an yıkılıp dünyası kararmaz mıydı? *"Baba"* dediği insana bundan böyle güvenir miydi? Her akşam güvenle dönüp huzurlu bir şekilde uyuduğu eve, bundan sonra hangi duygularla dönerdi? 13 yıldır kendini kandırdıklarını düşündüğü insanlar hakkında ne düşünür ne hissederdi bundan böyle?

Doğrusu Abdullah'ın yerinde olmak istemezdim hatta sanırım hiç kimse onun yerinde olmak istemezdi.

Sabah okula biraz erken gittim. Zilin çalmasına on dakika kala Abdullah da geldi. Bahçenin ortasındaki dut ağacının altına oturdu. Yanına gidip selam verdim:

— Günaydın Abdullah!

— Günaydın Öğretmenim!

— Nasılsın?

— İyiyim Öğretmenim, siz nasılsınız?

— Ben çok iyiyim, sağ ol. Dersler nasıl gidiyor?

— Pek iyi sayılmaz.

— Neden?

— Bilmiyorum! Anlamıyorum, anlayamıyorum işte!..

— Kitaplar mı iyi değil, yoksa öğretmenler mi iyi anlatmıyor?

— Hayır, iyi anlatıyorlar. Ama ben okumayı pek sevmiyorum.

— Neden?

— Bilmiyorum ama sevmiyorum işte.

— Peki, okumaktan nefret ediyor musun?

— Hayır, nefret de etmiyorum.

— Bir hedefin var mı Abdullah, ileride ne olmak istiyorsun?

— Bilmiyorum, hiçbir hedefim yok. Sanki okuyup da ne olacağım?

Abdullah konuşurken ben onun yüzüne hatta gözlerinin içine bakıyordum. Evet, bir boşluk, bir belirsizlik vardı. Belki de olayı bildiğim için ben öyle algılıyordum. Aman Allahım, şimdi ben bu sevimli çocuğa gerçeği nasıl söyleyeceğim?

Yüreğim onunla konuşmaya daha fazla dayanamadı, yanından ayrıldım sırf bu nedenle…

Abdullah'la birkaç kez daha görüştüm. Ona annesi babası olmayan öğrencilerden söz ettim. "İyi ki benimkiler var." dedi. Buna rağmen öksüz çocukların yaşam mücadelesini sürdürdüklerini, başarılı olmak için uğraştıklarını anlattım. Onu psikolojik olarak hazırlamaya çalışıyordum.

Sonunda gerçeği açıklamaya karar verdim. O akşam tüm söyleyeceklerimi tasarladım. Onun söyleyeceklerime nasıl tepki göstereceğini, neler söyleyebileceğini alternatifleriyle beraber iyice düşündüm.

Cuma günü okula gittiğimde heyecanlı olduğumu fark ettim. Çok önemli bir sorunu çözmeye çalışacaktım. Son teneffüste Abdullah'ı aradım, yoktu. Abdullah o gün okula gelmemişti.

Durumu Müdür Bey'e söyledim. Abdullah'ın dedesine telefonla haber verdi. Pazartesi günü onu okula bekliyorduk. Artık gerçeği açıklayacaktık.

Bu arada Abdullah'ın dedesi onun yeni sınıf öğretmeniyle görüşüp durumu açıklamış. Öğretmen çok üzülmüş. Abdullah'ı çağırıp, yanlışlıkla bir başka arkadaşının nüfus kâğıdına baktığını, ona bundan dolayı kızdığını söyleyip özür dilemiş, onun gönlünü almış.

Hafta sonu tatilinde, pazartesi günü Abdullah'a açıklayacağım gerçeğin provasını defalarca yaptım. Bakalım öğrencimizin ve dedesinin yaşadığı bu büyük sorunu güzel bir şekilde çözebilecek miyim?

Pazartesi günü üçüncü teneffüste Müdür Bey'in odasına gittim. Hiçbir şey söylemeden bana Adana'da çıkan yerel bir gazeteyi uzattı. Gazetede şöyle yazıyordu:

BU, BENİM İÇİN BİR ACEMİLİKTİ. HEVESLE GİRİŞİLEN İŞLERDE İNSAN, DENEYİMSİZLİĞİNİN KURBANI OLABİLİYORDU.ABDULLAH OLAYI, BANA O GÜNDEN SONRA KARŞILAŞABİLECEĞİM SORUNLARI ÇÖZMEYE ÇALIŞIRKEN DAHA DİKKATLİ OLMAM GEREKTİĞİNİ ÖĞRETMİŞTİ.

BİR TRAFİK KAZASININ ARDINDAN...

İncirlik istikametine doğru gitmekte olan otomobil aşırı hız yüzünden direğe çarptı. Kazada 18 yaşındaki Murat Türkmen ve 13 yaşındaki Abdullah Ulusoğlu adlı iki genç öldü. " ... Abdullah Ulusoğlu'nun 19 Mayıs Ortaokulu ikinci sınıf öğrencisi olduğu öğrenildi."

Haberi okuyunca gözlerime inanamadım. *"Hayır, hayır olamaz!"*diye bağırdım. Henüz bir yaşındayken annesiyle-babasını trafik kazasında kaybeden Abdullah'ın kendisi de 13 yaşında yine bir trafik kazasında yaşamını yitirmişti. Hem de gerçek annesi ve babasını hiç tanımadan; evet hiç tanımadan...

Çok sevimli bir öğrenci olan Abdullah'ın ölümü beni çok sarstı. O akşam defterime bir not düştüm:

"Bugün gönül bahçemin çiçeklerinden biri soldu."

Aradan birkaç gün geçti. Lakin Abdullah'ı hâlâ unutamıyordum. Bir akşam yatağıma uzanmış, her zamanki gibi yaşadığım günün ve olayların değerlendirmesini yaparken Abdullah düştü aklıma. *"Başka, daha başka bir şeyler yapılamaz mıydı?"* diye düşündüm. Olayı yeniden değerlendirmeye çalıştım.

Müdür Bey yardımcı olmamı istediğinde, aceleci davranıp sorunun çözümünü üstlenmemin pek de isabetli olmadığını fark ettim. Evet, hevesliydim, sorunun bir an önce çözülmesini istiyordum; ancak ben bu sorunu çözebilecek donanıma sahip miydim ki hemen ön plana çıkmıştım?

Psikolojiyi çok seviyordum ancak bir psikolog değildim. Rehberlik alanında eğitim almış bir uzman da değildim. Sahi, bir psikologa veya Ruh Sağlığı Hastanesi'ndeki bir psikiyatra başvurmayı neden düşünememiştim? Abdullah olayını ben ilk defa yaşıyordum. Oysa psikologlar ve psikiyatrlar meslek hayatlarında bu ve buna benzer birçok olayla karşılaşıyordu.

Bu, benim için bir acemilikti. Hevesle girişilen işlerde insan, deneyimsizliğinin kurbanı olabiliyordu.Abdullah olayı, bana o günden sonra karşılaşabileceğim sorunları çözmeye çalışırken daha dikkatli olmam gerektiğini öğretmişti.

Bu arada şunu merak ediyorum: Acaba psikolog, psikiyatr veya rehberlik uzmanı bu sorunu nasıl çözerdi? Abdullah'a anne babası bildiği insanların, gerçek anne babası olmadığını nasıl anlatırdı acaba?

YAŞLI ADAM EVİME ON
METRE KADAR YAKLAŞMIŞTI
Kİ; HİÇ UMULMADIK BİR
ŞEY OLDU: TABLANIN
BİR TEKERLEĞİ YAĞMUR
SULARIYLA DOLMUŞ ÇUKURA
GİRDİ VE TABLA YAN YATTI.
TUZLARIN BİR KISMI YERE
DÖKÜLÜRKEN YAŞLI ADAM
TABLANIN TEKERLEĞİNİ
NE KADAR ÇUKURDAN
ÇIKARMAK İÇİN UĞRAŞTIYSA
DA BAŞARAMADI.

TORUNLARIMI OKUTMAK İÇİN GELDİM...

Bir cumartesi günüydü. Evde bir yandan çayımı yudumlarken bir yandan da televizyon izliyordum. Dışarıda yağmur yağıyor ve uzaktan, ihtiyar bir adama ait olduğu anlaşılan cılız bir ses geliyordu:

— Tuuz, tuuuuuz. Beyaz tuz, billur tuz. Haydi, tuzcu geldi tuzcuuuuu.

Pencereden dışarı baktım. Kimseyi görememekle beraber ses gittikçe yakınlaşıyordu. Biraz sonra üç tekerlekli, üzeri mavi bir naylonla örtülü bir tabla göründü. 60–65 yaşlarında oldukça zayıf, beli neredeyse bükülmüş yaşlı bir adam tablasını zorla itmeye çalışırken aynı repliği tekrardan bağırdı:

— Beyaz tuuuz, yıkanmış tuuuz, billur tuuuuz. Haydi, tuzcu geldi tuzcuuuuuu.

Bu yaşlı adam küçücük naylon torbalara doldurduğu tuzu satıyordu. Yaşlı adamı görünce onun perişan haline çok üzüldüm. *"Bu yaşlı adam böyle yağmurlu bir havada neden çıkmış dışarıya?"* diye düşündüm.

Yaşlı adam evime on metre kadar yaklaşmıştı ki; hiç umulmadık bir şey oldu: Tablanın bir tekerleği yağmur sularıyla dolmuş çukura girdi ve tabla yan yattı. Tuzların bir kısmı yere dökülürken yaşlı adam tablanın tekerleğini ne kadar çukurdan çıkarmak için uğraştıysa da başaramadı.

Yaşlı adama yardım etmek için evden çıktım. Adam oldukça yorgun ve bitkin görünüyordu. Onunla beraber tablayı düzeltip tuzları topladık. Çay içmeye davet ettim, teşekkür etti. "Sağ ol oğlum! Yağmur durmayacak herhalde ben bir an önce eve gitsem daha iyi olur."dedi. Fakat ben ısrar edince kabul etti. Bunun üzerine tablasını evin önüne yanaştırdık. Yaşlı adam çekinerek içeri girdi ve sobanın yanına oturdu. Kendisiyle biraz sohbet etmeye başladım;

— Memleket neresi amca?

— Adıyaman.

— İçinden mi?

— Hayır, Kâhta Kazasının bi köyünden.

— Şimdi nerede oturuyorsunuz?

— Şakirpaşa'da.

— Memleketi bırakıp bu gurbet ellere neden geldiniz amca? Tarla, bağ bahçe yok muydu?

— Çocuklar için, yeğenim.

— Çocuklar için mi?

— Evet, onları okutalım diye geldik. Bizim memlekette çoğu yerde okul yok, okul olan yerde öğretmen yok! Biz de çocukları okutalım diye çıkıp geldik. Bir de dediler ki; Adana fakir memleketi, orada iş de bulunur. Onun için çıkıp geldik. Lakin doğru dürüst bir iş de bulamadık. Şimdi, tuz satarak geçiniyoruz işte.

Bu arada yaşlı adam kendisine uzattığım çayı elleri titreyerek aldı. Mahcup ve ezik bir sesle:

— Zahmet oldu, sağ olun, dedi.

Demek yaşlı adam böyle yağmurlu bir havada, çocuklarını okutacak parayı kazanabilmek için dışarı çıkmıştı...

— Kaç çocuk var amca?

— Dört.

— Okula gidiyorlar mı?

—Bizimkiler okuyamadı. Bizim orada ortaokul yoktu. İlkokuldan sonra okula gidemediler. Ama torunlarımı okutacağım, umut onlarda.

— Siz şimdi, torunlarınızı okutmak için mi Adana'ya geldiniz?

— Evet.

— Kaçıncı sınıfa gidiyorlar?

— Büyük torunum liseyi bitirdi. İkincisi orta üçte. Üçüncüsü de orta birde.

— Hangi okula gidiyorlar?

— 19 Mayıs'a.

— Adları ne?

— Büyüğünün adı Sultan, Sultan Işık, küçüğün adı da Abuzer.

Sustum. Demek bu adamın torunları bizim okuldaydı. Yaşlı adam titreyen elindeki çayı dökmemek için mücadele ediyordu.

— Peki amca, çocukların dersleri nasıl iyi mi?

— İyi, iyi. Hiç zayıf getirmiyorlar. Öğretmenleri de çok beğeniyor torunlarımı.

—Peki, onlar senin kıymetini biliyorlar mı?

—Ben onlar için köyümü, tarlamı, ahbaplarımı bırakıp geldim. Üstelik bir emekli maaşım bile yok. Ben dilenir onları yine okuturum. Herhalde onlar da bunun kıymetini bilirler artık!

Yaşlı adam bunları söylerken tüm yorgunluğunu unutmuştu. Torunlarından söz ederken yüzü canlanmış, gözlerinin içi gülmüştü. Demek ki bu adam torunlarını çok seviyor ve onların okuması için elinden gelen fedakârlığı yapıyordu.

Öyle ya el arabasını bile itecek gücü olmayan bu yaşlı adam, yağmurlu bir günde başka neden çalışsın ki?

Yaşlı adam ikinci çayını içtikten sonra kalkmak için izin istedi:

— Çok sağ olun evladım. Çok güzel istirahat ettim, artık bana müsaade.

— Müsaade sizin amca, güle güle. Allah işini rast getirsin.

Adam tuz yüklü tablasını iterken bağırıyordu:

— Tuuuz, yıkanmış tuz, beyaz tuz, yemeklik tuuuuz.

Bu yaşlı adamın çok üstün gayretini görünce ona karşı büyük bir saygı duydum ve kendi kendime şöyle bir söz verdim:

"Senin torunlarını bulacağım, onlara gücümün yettiği kadar yardımcı olacağım. Bir gün kazanmak istedikleri üniversiteden aldıkları diplomalarla senin elini öpmeye gelecekler. Sana söz veriyorum amca."

Yaşlı adamın arkasından bunları söyleyerek eve girdim. Koltuğa oturduğumda adamın sözleri hâlâ kulaklarımdaydı:

"Ben onlar için köyümü, tarlamı, ahbaplarımı bırakıp geldim. Bir emekli maaşım bile yok. Ben dilenir, onları yine okuturum. Herhalde onlar da bunun kıymetini bilirler artık!"

ORHAN BEY, SİZ
ÇOCUĞUNUZUN YERİNDE
OLSAYDINIZ, ÇOCUĞUNUZ
DA SİZİN BABANIZ
YERİNDE OLSAYDI ONUN
NASIL DAVRANMASINI,
NELER YAPMASINI, NELER
YAPMAMASINI İSTERDİNİZ?
EVE GİTTİĞİNİZDE BU
SORUYU KENDİNİZE SORUP
CEVABINI DÜRÜSTÇE YİNE
KENDİNİZE VERİR MİSİNİZ
LÜTFEN?

ANTRENÖR BABANIN DOKUZ ZAYIF GETİREN OĞLU

Üniversitede hocalarımız bize ders verirken; "Arkadaşlar! Eğitim, öğretmen-öğrenci-veli üçgeninde gerçekleşir. Bunlardan biri eksik olursa sağlıklı bir eğitim yapılamaz" derdi.

Okulda öğretmen ve öğrencilerle konuşmuş, onları az da olsa tanımıştım. Okutmaya çalıştığı çocukları hakkında konuştuğum ve düşüncelerini aldığım ilk veli ise yaşlı tuzcu olmuştu. Daha sonra başka velilerle de tanışıp konuşma fırsatım oldu. Onlarla konuştukça eğitim sorunlarının, gençlik problemlerinin ve başarısızlıkların kaynağını biraz daha iyi anlıyordum.

Bir gün okula, Orhan isminde bir veli geldi. Epeyce dertli ve sinirli görünüyordu:

— Bu çocuk beni öldürecek! Eşek herif, öldürecek beni! Yok yok, bu gidişle falakaya yatırıp eşek sudan gelinceye kadar dövecek, ben onu öldüreceğim!..

— Peki, eşek otlamaya dalıp gelmeyi unutursa ne yapacaksınız?

— Bu nasıl soru! Ne mi yapacağım?

Gülümseyerek devam ettim:

— Eşek gelmezse siz çok yorulursunuz. İsterseniz ben gelip kaldığınız yerden dövmeye devam edeyim... Her neyse durun önce birer çay içelim, sonra onu dövmeye birlikte gideriz, dedim. Nöbetçi öğrenciden bize iki çay getirmesini istedim. Adam çayı içerken biraz sakinleşmişti.

— Hayrola Orhan Bey? Sanırım canınızı sıkan bir durum var.

— Daha ne olsun Hocam! Sen canını dişine takıp çalış-çabala, geceni gündüzüne katıp asgari ücrete talim et, her şeyini bu zibidiye harca... Fakat o, dokuz tane zayıf getirsin. Olacak şey mi bu yahu, olacak şey mi?

— Dokuz zayıf mı?

— Evet Hocam. Şubat tatilinde sekiz zayıfı vardı. Karneyi görünce önce bir azarladım. Baktım faydası yok, dövdüm.

— Dövdünüz mü? Yani karnesinde zayıfı çok diye çocuğunuzu dövdünüz, öyle mi?

— Evet, bununla kalmadım, oyunu da yasakladım.

— Çocuğunuz tatilde hiç oyun oynamadı mı?

— Hayır. Sekiz zayıfı olan bir çocuğun oyun oynamaya ne hakkı var Hocam? Zayıfı olmasaydı istediği gibi oynardı.

— Çocuğunuzun zayıflarını kurtarması için herhangi bir önlem aldınız mı?

— Aldım tabii, almaz olur muyum?

— Neler yaptınız?

— Önce televizyonu yasakladım. Okuldan gelir-gelmez önce yemeğini yiyecek sonra derslerinin başına oturup ve bitirmeden de odasından çıkmayacaktı. Arada bir kontrol ettiğimde defteri kitabı açık görünce *"Herhalde koyduğum kurallar etkisini gösteriyor."* diye düşündüm. Ben zayıflarını azaltmasını hatta hepsini kurtarmasını beklerken o sekiz zayıfın üzerine bir zayıf daha eklemiş. Neredeyse çıldıracağım!

Orhan Bey bunları anlatırken, ben hayretle ve şaşkınlıkla onu dinliyordum. Bu adam çocuğuna iyilik yapmak isterken ona kötülük yapıyor, deyim yerindeyse adeta cinayet işliyordu. Sorularımla onu biraz daha açmaya çalıştım:

— Başka ne gibi önlemler aldınız?

— Bizim sokakta bir çocuk daha var. Vallahi Hocam bir görseniz pırlanta gibi çocuk, her sene teşekkür-takdir getirir. İnsan imreniyor; *"Keşke bizim velet de onun gibi olsa..."* diye heves ediyor. Bu yüzden de hep onu kendisine örnek gösteriyorum. O çocuğu çağırıp bizimkine ders göstermesini istedim. Bir de devamlı olarak kendimi örnek gösterip ona nasihat ediyorum. Daha ne yapayım Hocam? Zaten çocuğumla çok ilgilenip onun ne yapacağına çoğu zaman ben karar verdiğim için, mahallede bana "Antrenör" diyorlar.

Orhan Bey çocuğunun okumasını çok istiyordu. Çocuğunun başarılı olabilmesi için gerekli koşulları bilmediğinden, kendince haklı bulduğu ve doğru olduğuna inandığı yöntemler uyguluyordu. Ancak bu adam çocuğunu kurtarmak için çırpındıkça aslında onu daha da çok batırdığının hiç farkında değildi.

Nasıl ki öğretmenler iyi bir eğitim için çok çaba harcıyor ve istedikleri verimi alamıyorsa yine öğrenciler derslerine çok çalıştıkları halde bekledikleri başarıya ulaşamıyorsa, veliler de ellerinden geleni yaptıkları halde çocuklarının başarılarına olumlu bir katkıda bulunamıyordu.

Şimdi, benim Orhan Bey'e "Şunu şöyle yapmalısınız, bunu böyle yapmamanız gerekir..."diye uyarılarda bulunmam, onun oğluna verdiği öğütler gibi etkisiz kalacak, belki de sıkıcı ve itici olacaktı. Bu yüzden çözüm önermek yerine, Orhan Bey'i çözüm aramaya yöneltmeliydim. Bunun için de ilk önce onun dilini anlamalı, anlatmak istediklerimi ve oğluyla ilgili olarak yapılması gerekenler konusundaki düşüncelerimi sonra onun diliyle yine kendisine anlatmalıydım.

— Anlıyorum Orhan Bey, çocuğunuzun başarılı olabilmesi için elinizden geleni yapıyorsunuz. Anladığım kadarıyla çocuğuna karşı ilgili ve sorumluluk duygusuna sahip olan bir babasınız. Sizi kutluyorum. Eğer el ele verip beraber işbirliği yaparsak bu sorunu rahatlıkla aşabiliriz, diye düşünüyorum.

— Aşabilir miyiz, iyi ama nasıl?

— Onun okulu ve okumayı sevmesini, ders çalışmasını sağlayabiliriz.

— Bizim oğlan mı ders çalışacak yani?

— Evet.

— Pek zannetmiyorum ama...

— Neden?

— Bu çocuk adam olmaz ya Hocam, haylazın teki...

— Nereden biliyorsunuz haylazın teki olduğunu?

— O kadar söyledim, o kadar konuştum, hiçbir şey kafasına girmedi. Azarladım, kızıp bağırdım olmadı, dövdüm-sövdüm, eve hapsettim olmadı, gezmeyi, televizyonu, oyunu yasakladım... E ben daha ne yapayım hocam? Bu çocuk kalın kafalı bir haylaz değildir de nedir Allah aşkına?

— Daha başka neler yaptınız?

— Başka ne yapılır ki?

Haklıydı kendince Orhan Bey. Onun dünyasında yapılabilecek başka bir şey yoktu. Çünkü o, babasından, çevresinden ve diğer büyüklerden hep bunları görmüştü. Babası onu azarlamış, dövmüş ve yasaklar içinde büyütmüştü... Toplumumuzda birçoğumuz böyle yetişmemiş miydik? "Sev ama içinden sev. Sakın sevgini gösterme, belli etme; çünkü karşındaki sevginle şımarabilir, haddini aşabilir." telkinleriyle doldurulmamış mıydı beyinlerimiz?

Orhan Bey'in sorusu çok çaresiz ama samimi gelmişti.

— Başka ne yapılır ki?

— Sahi, Orhan Bey başka ne yapılır, neler yapılabilir ve önemlisi biz ne yapabiliriz? Hadi, gel beraberce düşünelim...

Orhan Bey sustu, başını hafifçe sağa doğru eğip düşünmeye başladı. Bir süre konuşmadık. Sonra sessizliği ben bozdum:

— Sen bu çocuğu çok seviyorsun. Ancak sevgiyi yaşamanızda bir sorun var. Ya sen veriyorsun o almıyor ya da o bekliyor sen vermiyorsun...

Orhan Bey, başını kaldırıp masumca sordu:

— Öyle mi?

— Başka ne olabilir?

— Bilmem...

Evet, bilmiyordu Orhan Bey. Ancak bilmediğinin farkına varmıştı yahut da ben öyle zannediyordum. Tam bu anda, onu biraz rahatlatmanın uygun olacağını düşündüm:

— Bakın Orhan Bey, eğer birlikte hareket edersek çocuğunuzun okulu sevmesini ve derslerine çalışmasını kolaylıkla sağlayabiliriz.

— Sahi mi? Yani o zaman bizim çocuk zayıflarını kurtarabilir mi?

— Elbette.

— Peki, bu nasıl olacak?

— İzin verirseniz ben de çocuğunuzla konuşayım sonra sizi ararım. Şimdilik burada bırakalım konuyu isterseniz.

Orhan Bey rahatlamışa benziyordu. Az önceki gerginliğinden, sinirliliğinden ve yüzündeki öfkeden eser kalmamıştı.

Gitmek üzere kalktığında, samimi bir tavırla elimi sıktı;

— Benden bir isteğiniz var mı Hocam, diye sordu.

— Evet var.

Bunun üzerine hafifçe tebessüm edip rica mı beklemeye koyulmuşken;

— Orhan Bey, siz çocuğunuzun yerinde olsaydınız, çocuğunuz da sizin babanız yerinde olsaydı onun nasıl davranmasını, neler yapmasını, neler yapmamasını isterdiniz? Eve gittiğinizde bu soruyu kendinize sorup cevabını dürüstçe yine kendinize verir misiniz lütfen?

— Sadece bu mu?

— Evet, bu arada çocuğunuz adı ne ve hangi sınıfta?

— Serkan Bulut. 3-C'de okuyor.

Orhan Bey giderken kapıya kadar uğurlayıp bir süre arkasından baktım. "Acaba bu adam gerçekten rahatladı mı, yoksa ben mi öyle zannettim?" diye düşündüm. Bir an onun artık değiştiğini, çocuğunu azarlamaktan ve ona dayak atmaktan vazgeçeceğini düşünüp bu değişikliğe katkım olduğu için sevindim bile.

Bir sonraki teneffüste bahçede öğrencilerin arasında dolaşsam da beynimde Orhan Bey vardı. Toplumdaki geleneksel kültürün ürünü olan kırk yıllık bir kişilik taşıyan bu adamı, ben yarım saatlik bir konuşmayla mı değiştirecektim?

"Hadi be oradan! Sen de kendini bir şey zannediyorsun?" dedim kendi kendime!

İnsanın değişmesi zor ama imkânsız değildi.

Akşam evde aklıma takılan: "Acaba, Serkan bugün de dayak yemiş midir?" sorusuyla uyuyakalmışım...

BİZ İKİ AİLE BİR ARAYA
GELDİĞİMİZDE HEP
ÇOCUKLARIMIZI
BİRBİRİMİZE ŞİKÂYET EDER
VE ONLARA KARŞI DAHA
SERT DAVRANMAMIZ
GEREKTİĞİNİ KONUŞURUZ.
KENDİMİZCE ÇOCUKLARIMIZI
BU YÖNTEMLE DAHA ÇOK
ÇALIŞTIRMAYI UMUYORUZ.
AMA O AKŞAM ORHAN BEY
HİÇ ŞİKÂYET ETMEDİ.

BİZ DE BABAMIZDAN BÖYLE GÖRMEDİK Mİ?

Aradan birkaç gün geçtikten sonra bir bayan veli daha geldi. Yanıma yaklaşıp sordu:

— Alişan Hoca siz misiniz?

— Evet, benim. Buyurun…

— Biraz zamanınız var mı acaba? Bir konu görüşecektim de…

— Tabii, buyurun sizi dinliyorum.

—Adım Ayten. Orhan Bey'in komşusuyum.Geçenlerde sizinle konuşmuş, hani şu çocuğunun dersleri çok zayıf olan Orhan!

— Evet hatırladım. Şu komşularının "Antrenör" dediği Orhan Bey değil mi?

— Evet, evet o. Bizim beye de "Teknik Direktör" diyorlar.

— Desenize siz mahalle takımını kurmuşsunuz!

— Evet, takımı kurduk ama oyuncuları küme düşmekten bir türlü kurtaramıyoruz.

— Yoksa sizin çocuğunuzun durumu da mı zayıf?

— Evet, ben de zaten onun için geldim. Bizim evde de aynı durum var. İki gün önce Orhan Bey'lere akşam çayına gittik. Söz her zaman olduğu gibi yine çocuklardan açıldı. Onları okutmayı çok istiyoruz. Üzerlerine titriyor hiçbir şeyini eksik bırakmamaya çalışıyoruz. Ama olmuyor, onların başarısızlığı bizi kahrediyor. Orhan Bey gelip sizinle konuşmuş. Yardımcı olabileceğinizi ve çocukların tüm zayıflarını kurtarabileceğini söylemişsiniz. Orhan Bey'e "Kendinizi çocuğunuzun yerine koyun." demişsiniz.

— Söylediğimi yapmış mı acaba?

— Evet, yapmış hem de çok etkilenmiş.

— Peki, bunu nasıl anladınız?

— Biz iki aile bir araya geldiğimizde hep çocuklarımızı birbirimize şikâyet eder ve onlara karşı daha sert davranmamız gerektiğini konuşuruz. Kendimizce çocuklarımızı bu yöntemle daha çok çalıştırmayı umuyoruz. Ama o akşam Orhan Bey hiç şikâyet etmedi. Çok durgundu. Bir ara bizim beye dönüp "Yahu Ökkeş, biz bir yerde yanlış yapıyor olmayalım!" dedi. Beyim de "Hangi konuda?" diye sordu. Orhan Bey "Çocuklara yaptıklarımız konusunda... Bağırıp çağırıyoruz, kızıp dövüyoruz, odaya kapatıp her şeyi yasaklıyoruz, fakat yine zayıf alıyorlar. Kanaatime göre, bir yerde yanlışlık yapıyoruz ama nerede bilmem." dedi.

— Eşiniz ne dedi?

— Vallahi bilmem ki Orhan, biz babalarımızdan böyle görmedik mi?diye sordu. Orhan Bey "Evet, böyle gördük görmesine, gördüğümüz gibi de yaptık ama olmuyor işte. Biz teşekkür beklerken çocuk dokuz zayıf getiriyor. Acaba babamızın bize yaptığı doğru mu? Vallahi bana sorarsan pek de doğru gelmiyor." diye cevap verdi.

— Peki, sizce eşinizin ve Orhan Bey'in çocuklara olan davranışları doğru mu?

— Bilmem ki. Onlar çocukları döverken, odaya kapatırken hep doğru yaptıklarını söyler. Benim okumuşluğum yok. Beyime "Sen de git o hocayla konuş!" dedim. "Benim işim var, sen git." dedi. Ben de sizinle konuşmak için çıkıp geldim. Rica etsem bizim çocuğa da yardımcı olur musunuz?

— Elbette yardımcı olurum. Şimdi, hem sizi hem de çocuklarla olan ilişkilerinizi daha iyi anlayabilmem için birkaç soru sormak istiyorum. Zira siz de bilirsiniz ki doktorlar hastalarına önce şikâyetlerini sorar. Ardından diğer yapması gerekenleri yapıp hastalığı tam teşhis ettikten sonra reçete yazıp tedavi uygulamaya başlar. Ben de yardımcı olabilmek için sorunun nereden kaynaklandığını bilmeliyim. Yoksa kolu çıkan hastanın dişini çekmeye çalışan ya da midesi ağrıyan hastanın beyin filmini çekmeye çalışan doktorun durumuna düşeriz. Anlaştık mı Ayten Hanım?

— Tamam, anlaştık.

— O zaman ben ne sorarsam olduğu gibi kendinizi, kocanızı veya çocuğunuzu savunmadan ya da kötülemeden cevap verin, olur mu?

— Peki.

— Çocuklarınızın okumasını istiyor musunuz?

— Evet, hem de çok istiyoruz, çocuklarının okumasını kim istemez ki?

— Neden çok istiyorsunuz?

—Biz okumadık, bari onlar okusun. Bizim çektiğimiz çileleri çekmesinler, kendilerini kurtarsınlar diye.

— Çocuklarınız da okumayı istiyor mu peki?

— Evet, şey... ne bileyim işte! Yani herhalde istiyorlardır.

— Emin değil misiniz?

— Bilmem bence istemeleri gerekir.

— Niçin?

— Biz çok istiyoruz ya onun için.

— Peki, onlara okumayı isteyip istemediklerini hiç sordunuz mu?

— Yoo, sormadık!

— Yani çocuklarınızın okumayı isteyip istemediklerini bilmeden onları okula gönderdiniz öyle mi?

— Evet, öyle yaptık.

— Peki, neden böyle yaptınız?

— Çünkü herkes çocuğunu okutuyordu.

— Siz eşinizle birbirinizi severek mi evlendiniz?

— Evet, hem de çok seviyorduk. Babam beni eşime vermeyecekti, ben de bunun için ona kaçtım.

— Şimdi mutlu musunuz?

— Evet.

— Peki, sevmediğiniz birine kaçar mıydınız?

— Olur mu öyle şey? Kaçmazdım tabii ki...

— Ya sevmediğiniz biri, sizi zorla kaçırsaydı?

— Aman Allah korusun!

— Babanız size sormadan, sizin görüşünüzü almadan, sizi hiç tanımadığınız biriyle evlendirmek isteseydi kabul eder miydiniz?

— Asla kabul etmezdim.

— Diyelim ki, yine de sizi zorla sevmediğiniz birine verdiler. Ne yapardınız, onunla yaşamaktan mutlu olur muydunuz?

— Elbette olmazdım. Ondan nefret eder ve ilk fırsatta ondan kurtulmanın yollarını arardım.

— Sanırım eviniz size hapishane gibi gelirdi.

— Kesinlikle.

— Böyle bir evlilik ortamında isteyerek yemek pişirir miydiniz? Çamaşır yıkar, temizlik yapar mıydınız?

— Elbette hayır, kim ister?

— Peki, eşiniz sizi zorlasa, yemek yapmadığınızda sizi dövmeye kalksa neler hissederdiniz?

— Mecbur kalırsam içimden nefret ederek yemek yapar ve "Şu adam ölse de kurtulsam!" diye dua ederdim. Ben şunu anlamadım Hocam, benim evliliğimle veya yemek yapmamla çocukların zayıflarının ne ilgisi var?

— Evliliğinizle çocuklarınızın zayıflarının ne ilgisi olduğuna biraz sonra geleceğiz. Buraya kadar evliliğinizi konuştuk, şimdi gel gelelim çocuğunuza. Az önce çocuğunuzun okumak isteyip istemediğini ona sormadığınızı söylemiştiniz değil mi?

— Evet, sormadan onu okula yazdırdık.

— Peki, o şimdi okulu seviyor mu?

— Yoo.

— Okula gitmek için istekle hazırlanıyor mu?

— Hayır, tam tersine gitmemek için bahaneler arıyor hatta okuldan kaçıyormuş. Geçenlerde eve kâğıt geldi, devamsızlığı 15 gün olmuş ondan anladık.

— Okuldan geldiğinde kendi isteğiyle ders çalışıyor mu?

— Hayır, biz söylemeden asla çalışmıyor. Çalışma isteği hiç yok.

— Peki, siz söyleyince çalışıyor mu?

— Odasına girip defterini kitabını açıyor.

— Ama asla çalışmıyor, değil mi?

— Evet, maalesef çalışmıyor.

— Sonra ne yapıyorsunuz?

— Sofraya her oturuşumuzda babası öğüt vermeye başlıyor. Etkili olmayınca öğütler emirlere dönüşüyor. Yine etkili olmayınca azar geliyor ve ardından da dayak.

— Yani çocuğunuz istemediği halde, siz onu baskıyla çalıştırmayı mı umuyorsunuz?

— Evet, öyle.

— Şimdi evliliğinizle çocuğunuzun eğitimi arasında bir ilgi kurmaya çalışın bakalım.

Ayten Hanım bir an yüzüme baktı, sonra başını öne eğdi. Bir süre öylece kaldı, sonra başını yavaş yavaş bir öne bir arkaya sallayıp konuşmaya başladı:

— Sanırım şimdi anlamaya başlıyorum Hocam. Çocuğumuzu evlenmek isteyip istemediği belli olmayan bir genç gibi zorla, ona sormadan okula verdik. Kendisinde ders çalışma ve okuma isteği uyandırmadan onu ders çalışmaya zorladık. İstemeden çalışılan dersten de hayır gelmedi tabii. Bu arzumuzun gerçekleşmesi için onu birçok isteğinden yoksun bıraktık hatta dövdük. Şimdi anlıyorum ki zorla güzellik olmuyor.

— Sonuçta da pısırık, okumayı sevmeyen hatta nefret eden, içine kapanık, kendini ifade edemeyen bir çocuk çıktı ortaya değil mi?

— Üzülerek söylüyorum ki; evet.

— Bundan sonra üzülmeyeceksiniz çünkü diğer öğrencilere olduğu gibi sizin çocuğunuza da yardımcı olmaya çalışacağım.

— Çok sağ olun.

— Bu, sizin veya benim isteğimle olmaz, önemli olan çocuğunuzun ne düşündüğü. Ben onunla da konuşacağım. Çocuğunuzun adı ne?

— Cem Yılmaz, Serkan'la aynı sınıftalar.

Ayten Hanımın çocuğuna olan bakış açısının değiştiğini fark ettim.

— Peki, sanırım bugünlük bu kadar yeter. İlk fırsatta Cem'le de konuşacağım. Unutmayın, çocuğunuza yararlı olabilmek için uğraşıyorsunuz. Azarlayarak, döverek, onurunu kırarak, küçümseyerek, çocuklarımızı eğitmemiz mümkün değil. Ben sizi sonra yine çağıracağım.

Ayten Hanım ayrılırken yüzünde bir sevinç ve gözlerinde bir pırıltı vardı.

— Çok sağ olun Hocam... Bir kere daha rica ediyorum. Ne olursunuz çocuklarımıza yardımcı olun, tek güvencemiz onlar.

— Hep birlikte hareket edersek onlara hem daha çabuk hem de daha etkili yardımcı olacağımıza inanıyorum.

— Çok teşekkür ederim Hocam, size iyi dersler.

— Sağ olun, güle güle.

Ayten Hanım giderken kendisini dış kapıya kadar uğurladım. Bir süre arkasından bakıp "Acaba şimdi neler düşünüyor?" diye merak ettim.

BİR TARAFTA DEĞİŞMEK İÇİN ÇIRPINAN SÖZÜM ONA CAHİL (!) KADIN, DİĞER TARAFTA DA BABAANNESİNDEN GÖRDÜĞÜ GELENEKLERİ, ÇOCUKLUĞUNDA EDİNDİĞİ ALIŞKANLIKLARI VE 25–30 YIL ÖNCE ÖĞRENDİĞİ YÖNTEMLERİ ÜSTELİK ONLARIN DOĞRU OLUP OLMADIĞINI BİLE SORGULAMADAN AYNEN SÜRDÜRMEYE ÇALIŞAN HATTA YİNE BUNLARI DEĞİŞTİRMEMEK İÇİN DİRENEN KALIPÇI, SINIRLAYICI KENDİNİ AYDIN (!) SANAN BAZI ÖĞRETMENLERİMİZ. GERÇEKTEN DE BU OLDUKÇA İLGİNÇ BİR DURUMDU...

GELECEĞE UZANMAK İSTEYEN SÖZÜM ONA CAHİL(!) ANNE VE GEÇMİŞİ ÖZLEYİP DURURKEN KENDİNİ AYDIN(!) SANAN ÖĞRETMEN!

Okuma–yazma bilmeyen Ayten Hanım, ilk görüşmemizde kendisinin farkına varmış ve değişmeye karar vermişti. Daha doğrusu Ayten Hanım, büyüklerinden gördüğü geleneksel tutumların yanlışlığını anlamış ve çocuğuna yararlı bir anne olmak için onların yerine sergileyebileceği-sergilemesi gerektiğini düşündüğü doğru davranışları öğrenebilmek amacıyla okula kadar gelmişti. Bu sözde cahil kadın adeta "Ne olursunuz bana doğruyu gösterin, çocuğumu yetiştirebilmem için ne gerekiyorsa onu öğretin! Zira ben ne yapmam gerektiğini bilmiyorum!" diye yalvarıyordu.

Bir tarafta değişmek için çırpınan sözüm ona cahil (!) kadın, diğer tarafta da babaannesinden gördüğü gelenekleri, çocukluğunda edindiği alışkanlıkları ve 25–30 yıl önce öğrendiği yöntemleri üstelik onların doğru olup olmadığını bile sorgulamadan aynen sürdürmeye çalışan hatta yine bunları değiştirmemek için direnen kalıpçı, sınırlayıcı kendini aydın (!) sanan bazı öğretmenlerimiz. Gerçekten de bu oldukça ilginç bir durumdu...

Öğrencilere "Bizim zamanımızda, biz sizin yaşınızdayken, aah nerede o eski günler..." diye hep aynı nakaratı tekrarlayan, geçmişe olan hasretinden günümüzün değişimlerine ayak uyduramayan, aktüel olanı değerlendiremeyip gelecekle ilgili hiçbir çalışması olmayan hatta onu hayal bile edemeyen bir kısım aydın (!) öğretmenimizle, çocuklarının gerisinde kaldığını fark edip onlara yetişmek için didinen cahil (!) Ayten Hanımı karşılaştırınca derin derin düşünmekten kendimi alamadım. Ve kendi kendime şu soruları sordum: "Sen hangi tarafta yer almaktasın Alişan? Diyelim ki daha çiçeği burnunda bir öğretmen olmanın verdiği heyecanla bugün doğru tarafta olduğunu zannediyorsun. Peki, zaman geçtikçe sen de zamanın gerçekleriyle karşılaşıp deneyimlerini arttırdıkça, bugünkünden daha çok aydınlandıkça (!) şimdi sahip olduğun düşünce ve davranışları yarının öğrencilerine "En doğrusu bunlar!" diye dayatmayasın? Sen de kalıpçı, sınırlayıcı, statik, tutucu bir kişiliğe bürünüp geçmişin özlemiyle yananlar kervanına katılmayasın?"

O gün akşama kadar Ayten Hanımın çocuklarını okutmak için gösterdiği çabayı düşündüm. Zengin olmayan, kazandıkları parayla ancak karınlarını doyurabilen Ayten Hanım ve onun gibi veliler çocuklarını okutmayı o kadar çok istiyorlardı ki; bazen çocuklarının üstlenmesi gereken sorumlulukları da kendileri üstleniyordu. Bu durum da haliyle çocuklardaki sorumluluk bilincinin gelişmesine bilmeden de olsa engel oluyordu. O güne kadar başarısızlık konusunda bende oluşan izlenim buydu. Ancak bu konuda ön yargılı olamazdım. Serkan ve Cem'le konuştuktan sonra, bu konudaki düşüncelerim daha da netleşecekti. Bu yüzden, onlarla konuşmak için zaman kaybetmemeliydim.O akşam yatağıma uzandığımda her zaman yaptığım gibi yaşadığım günün bir değerlendirmesini yaptım ilk önce. Sonra da Cem ve Serkan'la yapacağım görüşmeyi tasarlamaya başladım. Acaba bu çocuklarla nasıl konuşmalı,söze nereden başlayıp konuşmayı nasıl geliştirmeliydim? Çünkü bu konuda ne yeteri kadar teorik bir bilgim ne de pratik uygulamam vardı.

Söze doğrudan doğruya *"Aileniz sizden şikâyetçi, hiç ders çalışmıyormuşsunuz!"* desem olur muydu? Hayır, hayır olmazdı. Bu yapıcı değil yıkıcı bir söz olurdu. *"Neden bu kadar çok zayıfınız var, niçin derslerinize çalışmıyorsunuz?"* desem bu da yargılayıcı bir saldırı olurdu ve çocukları savunma durumuna itmiş olurdum.

Onları yargılayacak, savunmalarını alacak değildim. Bu, kimseye yarar sağlamazdı. Önce konuşup onları anlamak sonra kendilerini tanıyıp anlamalarına katkıda bulunmam gerekiyordu. Onların içindeki keşfedilmemiş potansiyele başarı kıvılcımları atmalıydım. Onlar kendilerini "birey" olarak fark etmeli, kendi yaşamlarına kendileri yön vermeliydi.

"Hazırla kendini Alişan, yarın seni zorlu bir sınav bekliyor, hadi göreyim seni..." diye düşünürdüm ve yeni güne zinde başlamak üzere uykuya çakıldım...

ANNESİ TARAFINDAN
ANLAŞILMAYAN, BABASI
TARAFINDAN AZARLANIP
DAYAK ATILAN, ÖĞRETMENİ
TARAFINDAN ÖNEMSENMEYEN
VE ADAM YERİNE KONMAYAN;
KENDİNİ SEVİP ÖNEMSEYECEK,
KENDİSİNE GÜVEN VERECEK
KİMSELERİ BULAMAYAN
ÖĞRENCİLER BELİRDİ
GÖZÜMÜN ÖNÜNDE...

BANA YARDIM ET ALLAHIM!

Sabah uyandığımda güneş daha doğmamıştı. Uyanık bir vaziyette bir süre yatak keyfi yaparken Serkan ve Cem'le yapacağım görüşme geldi aklıma. Fakat kendimi uyuşuk hissediyordum; öyle ki canım hiçbir şey yapmak istemiyordu. Akşamki hevesim ve heyecanımdan eser kalmamıştı. "Allahım güç ver bana.." diye dua ederek doğruldum. Elimi yüzümü yıkamak için lavaboya geçtim.

Ellerimi yıkarken bir an durdum. Daha önce hiç detaylıca bakmadığım ellerim dikkatimi çekmişti bir anda. Ellerime; önce avuçlarımın içine sonra dışına baktım. "Allahım bu elleri öğrenci dövmekten koru! Çiçeklerimi okşasın bu eller, vurup soldurmasın onları." diye dua ettim.

Ağzımı yıkarken de durdum: "Dilimi kötü söz söylemekten, küfür ve hakaret etmekten koru. Ağzımı bir sevgi çeşmesi kıl. Dilimden dökülenler, yüreklerin hasret kaldığı sevgi sözcükleri olsun. Dilimi yüreğimdeki sevgiye tercüman eyle Yarabbim!.. Ya bana sürekli olarak güzel şeyler konuşmayı nasip et ya da beni sustur. Seni ve bize verdiğin nimetleri anlatabilmem için bana güç ver. Öğrencilerle öğretmenlerin arasında iletişim köprüleri kuracak, anne-babalarla çocukları arasında sevgi bağları oluşturacak, insanın kendi iç dünyasına yöneleceği kapıları açtıracak çalışmalar yapabilmem için bana cesaret ver Allah'ım. Ağzımdan çıkan her söz karşımdaki insanları kötülükten alıkoyup iyiye, güzele, doğruya, başarıya, sevgiye, hoşgörüye yöneltsin. Anlattığımı yaşamak, yaşadığımı anlatmaktan ötesine izin verme. Göründüğüm gibi olup olduğum gibi de görünmeyi nasip eyle bana."

Sonra yüzüme baktım, yıkamak için çarptığım sudan arta kalan damlacıklar vardı yüzümde. Gözlerime baktığımda, az önceki uyuşukluğumun yerine bir pırıltının belirdiğini gördüm. Aynadaki kendime gülümseyip "Allahım, her zaman ve her yerde yüzümü ak eyle. Beni, mahcup olacağım davranışlarda bulunmaktan alıkoy. Başımı öne eğdirme Yarabbim."

Allah'a dua etmek, bana müthiş bir güç ve canlılık vermişti.

Okula giderken Kuran-ı Kerim'in Fatiha Suresi'ndeki ayetleri geldi aklıma: "Yalnızca sana ibadet eder ve sadece senden yardım dileriz. Bizi doğru yola, nimet verdiklerinin yoluna ilet; azıp sapmışların yoluna değil."

Sonra Maun Suresi'ndeki bazı ayetleri düşündüm:

"Yetimi itip kakan ve yoksulu doyurmaktan kaçınanı gördün mü? Yardımlaşmayı reddeden sonra da kalkıp gösteriş olsun diye namaz kılanlar var ya, işte onlara yazıklar olsun!"

Annesi tarafından anlaşılmayan, babası tarafından azarlanıp dayak atılan, öğretmeni tarafından önemsenmeyen ve adam yerine konmayan; kendini sevip önemseyecek, kendisine güven verecek kimseleri bulamayan öğrenciler belirdi gözümün önünde...

Sahi, onların yetim ve öksüzden ne farkı vardı? Onları itip kakan anne-babanın, onların çığlıklarına, feryatlarına kulak tıkayan öğretmenin, Allah'ın "Yazıklar olsun onlara!" dediği kimselerden ne farkı vardı ki?

Bu ayetlerden sonra bir daha sorguladım kendimi...

Ömrümün sonunda dönüp yaptıklarıma baktığımda kendime "Yazıklar olsun sana Alişan!" mı yoksa "Müjdeler olsun sana Alişan!" mı diyecektim?

Kendime sorduğum bu soru çok ciddi ve oldukça ağrı gelmişti. Bu sorunun cevabını, mutlaka çok net bir biçimde verebilmeliydim!..

Yanımdan geçen bir arabanın şiddetli korna sesiyle sıçradığımda okula yaklaşmıştım. Cem ve Serkan'la konuşmak için sabırsızlanıyordum.

BABAM BAZEN OKULA
GELİR; ZAYIFLARIMIN ÇOK
OLDUĞUNU ÖĞRENİNCE EVE
GELİP BANA BAĞIRIR ÇAĞIRIR
HATTA DÖVER. BU YÜZDEN
BİZİM MAHALLEDE BABAMA
"ANTRENÖR" DİYORLAR.

İNSAN SEVDİĞİ BİRİNİ DÖVER Mİ ÖĞRETMENİM?

Sabahçı oldukları için öğleden sonra okul bahçesindeki büyük dut ağacının altında buluştuk. Ben banka oturdum, onlar oturmadı ayakta "hazır ol!" durumunda beklediler. Ceketlerinin her iki düğmesini de iliklemişler ve yüzlerinde bir merak, endişe ve yine sanki suç işlemiş gibi bir korku vardı. Çocukların bu durumuna üzüldüm. Okullarımızda eskiden beri devam eden geleneksel eğitim anlayışı, öğretmenin yanında çok rahat davranabilmesi gereken öğrencinin heykel gibi dikilmesine neden oluyordu.Kendilerine gülümseyerek:

— Gelin şöyle yanıma oturun, dedim. Onlara, bir arkadaşımızın "öğretmenlerin ve öğrencilerin ulusal yemeği" dediği simit ve çay ısmarladım.

— Ailelerinizle tanıştım, biliyor musunuz?

Cem:

— Evet, biliyorum, annemle konuşmuşsunuz.

Serkan:

— Benim de babamla. Tüm öğretmenler bana kızmış, daha çok çalışmalı, gece gündüz demeden çalışmalı, demiş.

— Peki, sen çalışıyor musun?

— Hayır.

— Bence de çalışmamalısın.

Serkan ani bir dönüşle yüzüme baktı. Yüzünde, sanki ben onunla alay ediyormuşum gibi bir ifade vardı.

— Yani eğer istemiyorsan çalışmamalısın, diye ekledim.

Cem:

— Öğretmenim, annem beni size şikâyet etti mi?

— Ne şikâyeti?

— Yani; ders çalışmadığımı, evde her gün tartıştığımızı, tembelliğimi, oyuna düşkün olduğumu söyledi mi?

Cem'in bu sözleri dikkatimi çekti. Çünkü o böyle konuşmakla farkında olmadan, ders çalışmadığını, tembellik yaptığını ve oyuna düşkün olduğunu itiraf ediyordu. Demek ki kendisini böyle algılıyor yani kendisi hakkında böyle düşünüyordu.Bunları ben söylesem veya anne-babası söylese zoruna giderdi. Cem'in kendi hakkında farkında olmadan söyledikleri işimi kolaylaştırmıştı.Onun kendi hakkındaki düşüncelerini, kendisine ve anne babasına bakış açısını değiştirmeye çalışırsam sorunun çözümü kolaylaşacaktı.

— Cem, sence annen okula neden geldi?

— Neden olacak, beni size şikâyet etmek içindir herhalde.

— Peki, Serkan sence senin baban neden geldi?

— Daha çok antrenman yapmak içindir sanırım.

— Ne antrenmanı?

— Babam bazen okula gelir; zayıflarımın çok olduğunu öğrenince eve gelip bana bağırır çağırır hatta döver. Bu yüzden bizim mahallede babama "antrenör" diyorlar.

— Babanın seni çok sevdiğini biliyor musun?

— Babam mı, beni seviyor?

— Evet, baban seni çok seviyor.

— Hayır, inanmıyorum!

— Neden?

— Çünkü bana bağırıp azarlamaktan, odaya kapatıp oynamayı yasaklamaktan başka bir şey yapmaz babam.

— Peki Serkan, sence baban sana neden bağırıyor, oyunu neden yasaklıyor, ders çalışmanı neden ısrarla istiyor?

— Güya benim iyiliğimi istiyormuş! Ama o bana iyilik değil, kötülük yapıyor.

— İnsan sevmediği birine iyilik yapmak ister mi? Okusun diye uğraşır mı?

— Hayır uğraşmaz. Peki, öğretmenim insan sevdiği birini döver mi, onu sürekli cezalandırıp isteklerine engel olur mu? Hele de bu kendi çocuğuysa.

— Tamam, haklısın. Buna bir itirazım yok. Seni anlıyorum. Gerçekten de insan sevdiğine sevgisini göstermeli; sadece kızgınlığını, öfkesini değil. Bu konuya biraz sonra geleceğiz. Şu konuda anlaştık mı? Demek ki insanlar sevdiklerine daha çok iyilik yapmak ister, onların üzerine daha çok titrer. Sevmedikleriyle ise hiç ilgilenmez.

Geçenlerde bir öğrenci bana mektup yazmış. Mektubunda diyor ki: "Öğretmenim, benim babam bizimle hiç ilgilenmez, derslerimizi sormaz. Ne okuluma gelir ne de durumumu öğrenmek için öğretmenlerimle görüşür. Bazı arkadaşlarımız, babaları okula gelmesinler diye veli toplantısını bile haber vermiyor, zayıf aldıkları halde ailelerine iyi not aldıklarını söylüyor. Bense babam sorsun, ilgilensin diye bilerek zayıf alıyorum, yine ilgilenmiyor. Her gün kahveye gidiyor ve sürekli okey oynuyor. Eline okey taşlarını aldığı kadar beni kucağına almadı ve oyunu kazanmak için düşündüğü kadar bizim geleceğimizi düşünmedi. Babamın elinden hiç bırakmadığı okey taşı olmayı ne kadar çok isterdim bilemezsiniz Öğretmenim!"

Görüyor musun bir babanın ilgisizliğini ve ilgi görmek isteyen arkadaşınızın kıvranışını? Şimdi söyleyin bana, siz o arkadaşınızın yerinde olmak ister miydiniz?

Cem:

— Hayır istemezdim.

Serkan:

— Elbette istemezdim, ama şimdiki durumumda da olmak istemiyorum. Mademki babam beni seviyor, öyleyse neden bana böyle davranıyor?

— Demek ki, sana sevgisini nasıl göstereceğini bilmiyor. Sana büyüklerinden gördüğü gibi davranıyor.

— Kocaman adam olmuş, çocuklarını nasıl seveceğini bilmiyor mu?

— Bilmiyor Serkan, bilmiyor. Bak biz öğretmenler üniversite mezunu olmuşuz, sizi sevmeyi biliyor muyuz?

Cem hemen cevap verdi:

— Özellikle bazı öğretmenlerimiz hiç bilmiyor.

Serkan yine sözü babasına getirdi:

— Madem sevmeyi bilmiyor; peki dövmeyi, kızmayı, cezalandırmayı nasıl biliyor? Onları nereden öğrenmiş?

— Dedim ya, büyükleri onlara sevgisini göstermedi ki onlar size göstermeyi bilsinler. Senin babanın çocukluğunda babalar çocuklarıyla doğru dürüst konuşamazlardı bile.

Serkan inadını sürdürüyordu:

— Böyle bağırıp çağıracağına hiç konuşmasın bundan iyi.

— Bak Serkan! Baban seni şikâyete gelmedi, sadece yardım istemeye geldi. Durumunu anlatıp ne yapması gerektiğini sordu. Dokuz zayıfın olduğunu öğrenince önce kızdı, üzüldü ancak birlikte oturup biraz konuşunca rahatladı. Seninle konuştuktan sonra babanla tekrar görüşeceğiz. Baban bazı şeyleri bilmediğini fark etti. Konuşmamızın sonunda dalıp gitti. Sorabilir miyim, o gün eve geldiğinde sana kızıp bağırdı mı, seni dövdü mü?

— Hayır, hiçbir şey söylemedi. Uzaktan bana bakıp düşüncelere dalıyor, kim bilir belki de beni nasıl döveceğinin planlarını yapıyordu kafasında?

SERKAN VE CEM DE
AİLELERİNİN BEKLENTİLERİNİN
TAM TERSİNDE DAVRANARAK
BİR NEVİ ONLARDAN
İNTİKAM ALIYORDU. OKULDA
KASTEN BAŞARISIZ OLARAK
KENDİLERİNİ BASKI ALTINDA
TUTAN ANNE-BABALARININ
ÜZÜLMESİNE NEDEN OLUP
İÇLERİNDEN DERİN BİR "OH"
ÇEKİYORLARDI. GALİBA
PROBLEMİN EN CAN ALICI
NOKTASI BUYDU.

ANNEMLE BABAMA GICIKLIK OLSUN DİYE DERS ÇALIŞMIYORUM

Serkan'ın babasına olan öfkesi geçmiyor, düşmanca düşünceleri devam ediyordu. Acaba onu babasına karşı bu denli düşmanca duygulara iten neydi? Gerçekten de bunu derinlemesine gerekiyordu. Baba-oğul ilişkisinde bir tıkanıklık vardı. Önce bu tıkanıklığın nedenini bulmamız, sonra da onu yok etmemiz gerekiyordu. Konuştuklarımın en azından onda bazı soru işaretleri oluşturduğunu biliyordum. Onunla konuşmaya bir süre ara verip Cem'e döndüm:

— Sen ne diyorsun Cem, okumak istiyor musun?

— Bilmiyorum Öğretmenim,

— Neyi bilmiyorsun?

— Okumak isteyip istemediğimi.

— Peki, okula neden geliyorsun?

— Bilmem, annemle babam beni yazdırdıkları için geliyorumdur herhalde.

— Onlar seni yazdırmasalardı gelmez miydin?

— Bilmiyorum. Belki gelirdim belki de gelmezdim.

— Karar veremiyor musun?

— Hayır.

— Neden?

— Çünkü annemle babam bana her zaman karıştı. Her şeyi benim yerime onlar belirliyor; giymek istediğim bir pantolonun tipini veya gömleğin rengini bile annem seçiyor, bana neyin yakışıp yakışmadığına annem karar veriyor. Bir yere giderken nasıl davranmam gerektiğini babam söylüyor. Ben hiçbir şeye tek başıma karar veremiyorum.

— Peki, ders çalışmana?

— Sahi, onu söylemeyi unuttum. Hiç karışmaz olurlar mı? "Ödevini tamamen bitirdin mi, çalıştınsa kaç sayfa çalıştın, yoksa bugün ödevin yok mu, hâlâ ders çalışmaya başlamadın mı?" deyip duruyorlar. Hatta bazen öğretmenlerimizin işlerine bile karışıp "Bugün neden ödev vermedi, yarın gelip soracağım, böyle az ödev olur mu?" diyorlar. Onlar böyle yaptıkça bende de ders çalışma isteği kalmıyor. Hatta öğretmenim size bir şey söyleyeyim mi?

— Tabii, söyle.

— Bazen sırf inat olsun, annemle babama gıcıklık yapayım diye çalışmıyorum.

— Yani, onların inadına öyle mi?

— Evet.

Çocukların bu durumlara neden düştüklerini şimdi biraz daha anlıyordum. Cem bunları anlattıkça Prof. Atalay Yörükoğlu'nun "Gençlik Çağı" kitabında okuduğum ilginç bir olay aklıma geldi:

Bir genç kendine gömlek almak için mağazaya gider. Gömleği beğendikten sonra tezgâhtara *"Annem babam beğenirse geri getirebilir miyim?"* der. Tezgâhtar da *"Evet beğenmezlerse geri getirebilirsiniz."* der. Genç *"Hayır hayır, eğer onlar beğenirlerse bu gömleği geri getireceğim!"* der. Tezgâhtar hayretle *"Peki neden?"* diye sorar. Bunun üzerine genç *"Onlar hep benim istemediğim şeyleri yapıp benim zıddıma davranıyor. Ben de onların zıddına gidip bu sefer beğenmedikleri bir gömlek alacağım"* diye cevap verir.

Serkan ve Cem de ailelerinin beklentilerinin tam tersinde davranarak bir nevi onlardan intikam alıyordu. Okulda kasten başarısız olarak kendilerini baskı altında tutan anne-babalarının üzülmesine neden olup içlerinden derin bir "Oh" çekiyorlardı. Galiba problemin en can alıcı noktası buydu.

Bu arada Serkan söze karıştı:

— Bizimkiler bana televizyon seyretmeyi yasaklıyor. Ders çalıştırmak adına odaya hapsedip kendileri televizyonun karşısına geçiyor. İzlerken sesini bile kısmadıklarından; benim aklım da hep televizyonda kalıyor.

Cem:

— Bana oyun oynamayı yasaklayan babam kahveden çıkmayıp gece yarılarına kadar oyun oynuyor. Çoğu akşam babam eve dönmeden biz uyumuş oluyoruz. Sabahları ben okula gidiyorum, o da işe gidiyor, yine birbirimizi görmüyoruz.

Serkan:

— Bizim mahallede bir arkadaşım var. Önceleri kendisiyle çok iyi anlaşıyorduk, onu çok seviyordum. Onun annesi-babası çok anlayışlı oldukları için dersleri de oldukça iyi. Her zaman takdir veya teşekkür alıyor. Annemle babam bana sürekli olarak onu örnek gösteriyor. Bir gün arkadaşım bize gelmişti. Babam kendisine, "Gökmen, senin derslerin çok iyi, arada bir gelip şu bizim geri zekâlıya da ders göstersen olmaz mı?" dedi. Babamın bu sözü çok zoruma gitti. Gökmen de utandı. Babam bana iyilik yaptığını zannediyordu. Ama ben onlara Gökmen'in annesiyle babasını övdüğümde kızıyorlar, "Biz senin neyini eksik bıraktık?" diyorlar.

Cem:

— Hele benim annem sürekli olarak "Bak oğlum, mutlaka okumalı, hem bizi kurtarmalısın hem de kendini. Görüyorsun biz okumadığımızdan şimdi neler çekiyoruz? Baban arkadaşlarınızdan geri kalmamanız için gece gündüz demeden çalışıyor. Sana da sadece oturup ders çalışmak kalıyor. Yemiyor yediriyoruz, içmiyor içiriyoruz, giymiyor giydiriyoruz... Daha ne yapalım? Neyin eksik?" diyor azarlar biçimde. Sanki karnımızı doyurup cebimize de biraz harçlık koyunca her şey bitiyor.

Serkan:

— Anlayışlı olmayı hiç düşünmüyorlar. Kızgınlıklarını, öfkelerini çok rahat dile getirirken iş sevgiye gelince cimrilik yapıyorlar.

Cem:

— Üstelik sevgi parasız, zahmeti de yok.

Cem'le Serkan konuşurlarken aklım bir cümleye takıldı. Acaba aradığımız çözüm bu cümlede olabilir miydi? Serkan konuşurken "Gökmen'in annesi babası anlayışlı olduğu için dersleri de oldukça iyi." demişti.

— Serkan, az önce ailenin anlayışlı olmamasından söz ettin. Peki, ailenden anlayış beklediğini, sevgi ve ilgi görmek istediğini hiç söyledin mi kendilerine?

— Hayır, söylemedim.

— Peki, Cem sen söyledin mi?

— Ben de söylemedim.

— Acıktığınızda bunu annenize söyleyip sofrayı hazırlamasını istiyor musunuz?

İkisi birden:

— Evet.

— Peki, harçlığınız bittiğinde babanızdan para istiyor musunuz?

Serkan:

— Babamdan isteyemem. Anneme söylerim o da babamdan alır bana verir.

Cem:

— Ben babamdan isteyebiliyorum.

—Yemek istediğinizde bunu annenize söylüyorsunuz, para istediğinizde bunu annenizden veya babanızdan istiyorsunuz da peki, anlayış ve sevgi istediğinizde neden bunu onlara söylemiyorsunuz?

Cem ve Serkan önce bana, sonra birbirlerine bakıp ondan sonra usulca öne eğip sustular…

ÇOCUKLAR HAKLIYDI. BUGÜNE KADAR TOPLUMUMUZUN HANGİ KESİMİNDE SEVGİ EĞİTİMİ YAPILMIŞTI Kİ? HEPİMİZ BÜYÜKLERİMİZDEN GÖRDÜĞÜMÜZ GİBİ KIZGINLIĞIMIZI CÖMERTÇE SERGİLERKEN, NEDENSE SEVGİMİZİ İÇİMİZDE SAKLIYORDUK. SEVGİ GÖSTERMEK İSTEMEK AYIP KARŞILANIRDI.

ÖFKEDE CÖMERT AMA SEVGİDE OLDUKÇA CİMRİ

Çocuklar haklıydı. Bugüne kadar toplumumuzun hangi kesiminde sevgi eğitimi yapılmıştı ki? Hepimiz büyüklerimizden gördüğümüz gibi kızgınlığımızı cömertçe sergilerken, nedense sevgimizi içimizde saklıyorduk. Sevgi göstermek istemek ayıp karşılanırdı. Bu bir bakıma eski köye yeni âdet getirmek olurdu.

Cem ve Serkan bu sorunun cevabını da epeyce düşüneceğe benziyordu.

Bu arada saate baktım, yaklaşık bir buçuk saat konuşmuşuz. Bir defa konuşmayla bu sorunu çözmeyi beklemiyordum elbette. Fakat en azından ilk adım atılmıştı.

— Şimdi size bir-iki soru daha soracağım. Bu soruları hemen cevaplandırmak zorunda değilsiniz. Eve döndüğünüzde konuyu iyice düşünün. Önce kendinize cevap verin. Bakın ısrarla vurguluyorum: Sorduğum soruların cevabını bir başkasına vermek zorunda değilsiniz. Ayrıca sizinle bundan sonra sık sık görüşüp konuşalım isterseniz.

— Ne soracaksınız Öğretmenim?

— Birinci sorum şu:Eğer aileleriniz sizin istediğiniz gibi anlayışlı olursa size karışmaktan, bağırmaktan, sizi dövmekten vazgeçerlerse o zaman ders çalışır mısınız? İkincisi de: Eğer siz anne-baba, anne-babanız da sizin çocuğunuz olsaydı, onlara nasıl davranırdınız?

İlk soruyla onlarda kendi iradeleriyle hareket etme bilinci oluşturmayı, sorumluluk duygusunu geliştirmeyi; ikinci soruyla da onların ailelerine bakış açısını öğrenmeyi amaçlamıştım. Cem ve Serkan özellikle ikinci soruya cevap verirken ana-baba rolünü üstlendiklerinde aslında kendi anababalarından beklentilerini veya onlarda görmek istedikleri noktaları dile getireceklerdi. Bu da onların iç dünyasına girip onlar gibi düşünmemi, duygu ve düşüncelerini yakalayabilmemi sağlayacaktı.

— Bir şey daha dikkatimi çekti: Siz çok güzel konuşuyorsunuz, duygu ve düşüncelerinizi çok harika aktarabiliyorsunuz. Sizi kutluyorum. İyi de bu kadar harika olan sizler bu özelliğinizi neden ailelerinizle olan ilişkilerinizde de kullanmıyorsunuz?

Bu sözler ikisinin de yüzlerinde memnuniyetle karışık düşünce izleri belirmesine yol açtı.Ayrılmak üzere kalktığımızda ellerini sıktım. Sonra bir elimi Cem'in, diğer elimi Serkan'ın omzuna koyup:

— Bakın arkadaşlar, anladım ki ailelerinizin sizi sevdiği gibi siz de onları çok seviyorsunuz. Ancak onların bazı kusurlarından şikâyetçisiniz. Bunu söylemeniz, onlara düşmanlık ediyorsunuz anlamına gelmez. Onlarla iyi geçinmek, eve güvenle dönmek, mutlu yaşamak istiyorsunuz, öyle değil mi?

— Evet Öğretmenim.

— İşte, sizin ailelerinizde bunun için okula geldi. Amaçları bu soruna çözüm aramak, yoksa asla düşman değiller, bunu unutmayın. Sadece sizinle gurur duyacakları başarılarınızı bekliyorlar hepsi bu. Şimdilik benim söyleyeceklerim bunlar ve size de ailelerinize de güveniyorum. Çok geçmeden sorunlarınız çözülecek ve istediğiniz aile ortamına kavuşacaksınız. Hadi bakalım şimdilik bu kadar.

— Teşekkür ederiz Öğretmenim.

— Unutmayın, asıl ailelerinize teşekkür etmelisiniz.

Tam ayrılmışlardı ki Serkan yeniden bana dönüp:

— Öğretmenim, bana neden ders çalışmamalısın dediniz?

— Bir dahaki görüşmemize kadar bunun da cevabını düşün bakalım.

O akşam eve döndüğümde oldukça mutluydum. Az da olsa işe yaramaya başlamıştım. Dut ağacının altında Cem ve Serkan'la yaptığımız konuşmaları düşündüm. Yatağıma uzandığımda çocukların önce endişeli, sonra da gülümseyen yüzleri gözlerimin önünden gitmiyordu. Derslerine girmediğim halde kendileriyle bu vesileyle kaynaşıvermiştim. Onların, kendileri ve ailelerine ilişkin sorunlarını en kısa zamanda çözmelerine yardımcı olmalıydım, zaman kaybetmemeliydi bu çocuklar. Dönem sonu gelmeden önce derslerine çalışmaya başlamalı, zayıflarını kurtarıp sınıflarını doğrudan geçmeliydiler. Bunun için aileleriyle hemen haberleşip bir araya gelmeli, önce sorunları doğru olarak tespit edip sonra da çözüm yollarını birlikte aramalıydık.

Bu güzel günün gecesinde ruhumu saran tatlı bir sevincin verdiği huzurla uyuyakalmışım.

Ertesi sabah okula gittiğimde, Serkan'la Cem ikinci teneffüste yanıma gelip ailelerinin pazar günü pikniğe gitmeye karar verdiğini, beni de davet ettiklerini söylediler. Konuşmak için ben hepsini çağırmayı düşünürken onlar beni çağırıyordu. Bu çok iyi bir fırsattı. Davetlerini memnuniyetle kabul ettiğimi bildirdim.

Anne-baba ve çocuklarının bir arada olacağı görüşme yapacaktık. "Acaba görüşmelerimiz nasıl geçecek, başarılı olacak mı?" diye merak ediyor, zaman zaman cesaretimi kaybediyor ve her şeyi elime yüzüme bulaştırıp başarısız olmaktan korkuyordum. "Görelim Mevlam neyler, neylerse güzel eyler..." diye, pazar gününün gelmesini beklemeye başladım...

ÖĞRENCİLER BİRTAKIM
SOYUT BİLGİLERDEN,
ÖĞÜTLERDEN VE AKIL
VERMELERDEN ÇOK,
SOMUT OLARAK
GÖRDÜKLERİ, SEVDİKLERİ,
MERAK ETTİKLERİ ŞEYLERİ
DAHA KOLAY ÖĞRENİYOR VE
BUNLARI RUHLARINA KALICI
OLARAK SİNDİRİYORDU.

O HİKÂYEYİ BİZE DE ANLATIR MISIN ÖĞRETMENİM?

Üçüncü teneffüsten sonra öğrencilerle birlikte sohbet etmeyi çok sevdiğim dut ağacının altına oturdum. Pazar günü Cem ve Serkan'ın aileleri ile yapacağım görüşmeyi tasarlarken, okula gelmeden önce ayakkabılarımı boyayan Murat yanıma gelip "Öğretmenim bizim dersimiz boş, siz gelir misiniz?" dedi. "Gelmesine gelirim ama belki arkadaşların bahçeye çıkmak isterler, onlar ne diyor?" dedim. Murat; "Zaten ben sınıf adına geldim, arkadaşlar sizi bekliyorlar." deyince rahatladım.

Beraberce sınıfa gittik. Ben, öğrencilerle tek tek tokalaşmaya başlayınca şaşırdılar. Kimi gülüşüyor kimi de ayağa kalkıp heyecanla adını söylüyordu. Tokalaşma bittikten sonra gözlerimi sınıftaki öğrencilerin üzerinde dolaştırdım. Merakla ne yapacağımı bekliyorlardı.

Onları psikolojik olarak rahatlatmak için bir fıkra anlatıp birkaç da mani söyledim. Beraberce gülüp eğlendik.

Orta sıralarda oturan öğrencinin biri parmak kaldırıp söz istedi:

— Öğretmenim 1-D sınıfında 'Hasan'ın Kumbarası' adlı bir hikâye anlatmışsınız, bize de anlatır mısınız, dedi.

— Sen nereden biliyorsun?

— Çok güzelmiş Öğretmenim. Teneffüste o sınıfta okuyan arkadaşlarımız anlattı.

Sınıfta bir uğultu koptu. Değişik ağızlardan "Evet, öğretmenim bize de anlatın." diye sesler yükseliyordu.

— Tamam, tamam anlatacağım, dedim.

Hasan'ın Kumbarası'nı ben de çok seviyordum. Bu hikâyeyi üniversitedeyken "Sur" adlı bir dergide okumuştum. Yazarını şimdi hatırlamıyorum.

Lise yıllarında bazı hocalar bizi ders çalışmaya zorladıklarında ya da bize zorla bir şey öğretmeye kalkıştıklarında, sinirlenip verdikleri ödevleri yapmak istemezdim. Yüreğimde kabul etmediğim şeyleri yapmak hoşuma gitmezdi. Zaten sevmeden öğrendiğim konuları yazılılardan sonra hemen unuturdum.

"Bir gün ben de öğretmen olursam yaptırmak istediğim şeyi önce sevdirmeliyim." diye düşünürdüm bu nedenle.

İşte, şimdi sırası gelmişti. Öğrenciler birtakım soyut bilgilerden, öğütlerden ve akıl vermelerden çok, somut olarak gördükleri, sevdikleri, merak ettikleri şeyleri daha kolay öğreniyor ve bunları ruhlarına kalıcı olarak sindiriyordu.

Hasan'ın Kumbarası, anne baba sevgisini insanın ruhuna ve yüreğinin derinliklerine işleyen bir hikâyeydi.Kalplere tam işlenmesi için benim de içten anlatmam gerekiyordu. Kısa bir ön hazırlık yapıp öğrencileri anlattıklarımı dinlemeye hazır bir duruma getirdikten sonra dua ettim: "Allahım yüreğimdekileri anlatmak, anlattıklarımı yüreğimde yaşamak konusunda güç ver bana."

HASAN DAHA FAZLA
DAYANAMAYIP ANNESİNİN
ŞAŞKIN BAKIŞLARI ARASINDA
YILDIRIM GİBİ DIŞARI
FIRLADI. ODUNLUKTAKİ
TENEKE KUMBARAYI
DOLDURAN PARALAR NE
GÜNE DURUYORDU? BABASI
HASTAYKEN SÜRPRİZ YAPMAK
İÇİN BEKLENİR MİYDİ?
KUMBARAYI KAPTIĞI GİBİ
KOŞARAK İÇERİ GİRDİ VE
ANNESİNİN AYAKLARININ
DİBİNE BOŞALTTI VARINI
YOĞUNU.

HASAN'IN KUMBARASI

Hasan okullar tatil olunca bir süre dinlendi, gezip eğlendi. Fakat bir müddet sonra boş dolaşmaktan sıkılır oldu. Bir işe girip çalışmak iyi bir fikirdi. Her ne kadar ona "Çalış, para kazan!" diyen yoksa da o hem çalışarak ailesine katkıda bulunmak hem de can sıkıntısına son vermek istiyordu.

Köyden şehre göçtüklerinde babası lastik tekerlekli bir araba satın almıştı. O arabayla mahalle mahalle dolaşıp yazın sebze satar, kışın da istasyonlardan gelen yolcuların eşyalarını taşırdı. Babası çoğu zaman bu hay huy arasında eve geç dönerdi. Aradan yıllar geçmesine rağmen, annesi onun geç kalışlarına bir türlü alışamamıştı. Gözleri dolar, yüzünü hüzün kaplardı. O gelene kadar da pencerenin önünden hiç ayrılmak istemezdi.

Geçenlerde babası annesiyle konuşurken: "Bu sene pek dermanım yok Hatice, yokuşlarda artık dizlerim tutmuyor." demişti. Babasının bu sözlerini duyunca Hasan'ın içini bir sıkıntı kaplamış, ağlamamak için kendini zor tutmuştu. Demek babası yaşlanmış eskisi gibi artık iş göremiyordu. Yahut da bir hastalığı vardı; yoksa köyün pehlivanı diye anılan Mustafa Çavuş, kendisini böylesine hiç acındırır mıydı? Hasan o gece içine hapsettiği hıçkırıklarını kafasına çektiği yorganının altında serbest bıraktı. Sabaha kadar "Babam, canım babam! Pehlivan babam!.." diye ağladı.

Ertesi sabah, babasına çalışmak istediğini söylediğinde, babası önce "Aman yavrum, sen daha küçüksün." diye itiraz etmişse de gülen gözleri bundan memnun olduğunu gösteriyordu.

— Hayır baba, hiç de küçük değilim. İlkokul dörde geçtim, diyen Hasan, babasını ikna etmekte güçlük çekmedi.

Babası, Hasan'a hemen bir boya sandığı yapıp boya, sünger ve fırçayı da satın aldı. Hasan ilk günler utanmış, pek bağıramamıştı; ama kısa bir süre sonra semtin en sevilen boyacısı olup çıkmıştı.

Hasan, ayakkabı boyayarak kazandığı paraların bir kısmını annesine veriyor, bir kısmını da biriktiriyordu. Akşamları kimseye görünmeden odunluğa giriyor, mama kutusundan yaptığı kumbarasını açıp kâğıt ve demir paraları içine koyuyordu. Habersizce biriktirdiği bu paraları okul açılana kadar hiç harcamayacak, sonra birdenbire ortaya çıkararak anne ve babasına sürpriz yapacaktı. Küçük kardeşine çoraplar, kendisine elbise, çanta, defter ve kitaplar alacak, artan parası olursa da annesine verecekti. Bunları düşündükçe heyecandan yerinde duramıyor, sevincinden ne yapacağını bilmiyordu. Hasan kararlıydı; bu sene babasına hiç okul masrafı yaptırmayacaktı. Babası o zaman kim bilir ne kadar sevinecekti!..

Babası hiç söylemeyip belli etmemeye çalışsa da Hasan onun yüzünde yorgunluk belirtilerini fark ediyordu. Üstelik günden güne zayıflar olmuştu babası. Bazen eve çok geç geliyor bazen de erkenden bir kilo bile sebze satamadan geri dönüyordu. Eskisi gibi sabah erkenden kalkıp el arabasıyla pazarın yolunu da tutmuyordu artık.

Bir akşam Hasan elinde annesinin tembihlediği çay şekeriyle içeri girdiğinde babasını yatakta görünce donakalmıştı. Babasının başucunda ilaç şişeleri vardı. Annesi durumu fark edince onu elinden tutarak dışarı çıkarmış;

— Üzülecek bir şey yok oğlum, baban biraz üşütmüş de doktor ilaç verdi, diye teselliye çalışmıştı.

Demek babası hastaydı. Yorulması, işten erken dönmesi, bazen evden hiç çıkmayışı hep bu yüzdendi. O anda boya sandığını düşündü, odunluktaki kumbarada biriktirdiği paraları düşündü. Okulu geldi gözlerinin önüne ve babasının "Oku yavrum, oku doktor ol da anana ve bana bak. İnsanların her zaman yardımına koşmak için çalış" şeklindeki sözlerinin kulağında yankılandığını hissetti. Ağlamak istedi, ancak ağlamadı. Çünkü çevresindekilerin deyişine göre, kocaman adam olmuştu. Çalışıyor, eve para getiriyordu...

Sabaha kadar babasının iyileşmesi için dua etti. Annesinin söylediğine göre babası kısa zamanda iyileşecek, yine eskisi gibi lastik tekerlekli arabasına sebze kasalarını dağ gibi yığacak ve satıp öyle geri dönecekti evlerine. Hasan boyacılığa her gün bu umutla çıktı; fakat akşam olup da eve döndüğünde babasını hep yatakta buluyordu.

Hasan, eskisi gibi kumbarasına pek para atamasa da teneke kumbara gittikçe doluyordu. O, Hasan'ın gizli hazinesiydi. Bir süre daha evin ihtiyaçlarını karşılamak zorundaydı.Fakat babası bir türlü iyi olup ayağa kalkmıyor, eskisi gibi Hasan'la konuşup şakalaşmıyordu. Başucundaki ilaç şişeleri boşalıp boşalıp yenileniyordu.

O gün içinde anlatılmaz bir sıkıntı vardı. Hava da yağmurlu olduğundan kimse ayakkabı boyatmıyordu. Bir ekmek parası bile kazanamadan utana utana evin yolunu tuttu. İçeri girdiğinde, komşuları Ali Amca'yı ve devamlı ayakkabısını boyadığı doktor amcayı görünce ne yapacağını bilemedi, donup kaldı öylece. Annesi bir köşeye çekilmiş ve küçük kardeşi kucağında ağlıyordu. Doktor, babasının göğsünü açmış stereoskopla dinliyordu. Babası hiçbir şeyi fark edemediği gibi onun de geldiğini fark edemedi bile. Gözleri kapalı, yarı baygın bir biçimde yatıyordu. Nice zaman sonra doktorun:

— İyi olur inşallah! Şu ilaçları hemen alıp kullanın, sözleriyle kendine geldi.

O sırada annesi koynundan çıkardığı buruşuk paraları bir tomar halinde doktora uzattı. O paraları gördüğü an Hasan'ın içinden ılık ılık bir şeyler aktı, heyecanlandı. Çünkü bunlar kendi kazandığı paralardı.

Doktor ve Ali Amca gidince babasının ayakucuna çömelerek uzun süre ağladı. Annesi de kucağında küçük kardeşiyle ona eşlik etti. Babası onların feryatlarını duyuyor mu bilmiyordu...

Biraz rahatlamıştı. Gözü yastığın ucunda duran reçeteye ilişti. Kâğıdın iki tarafı da doluydu. Reçeteye bakıp geri bıraktı. Annesi:

— İlaç lazım babana, ilaçsız yapamaz yavrum, dedi.

— Ben eczaneden hemen alır gelirim anne.

— Veresiye ilaç vermiyorlar ki...

Annesinin bu sözü Hasan'ın yüreğine bir hançer gibi saplanmıştı. Saçların bir an diken diken olduğunu hissetti. Ağzı buruştu, yutkunamıyordu. Demek ilaç alabilecek kadar paraları kalmamıştı ve babası ilaçsızlıktan iyileşemeyecek, belki de ölecekti...

Hasan'ın gözlerinin önüne okulların açıldığı ilk gün geldi: Hasan kimseye belli etmeden biriktirdiği paraları kumbaradan gizlice alıp anne ve babasından habersiz tüm okul ihtiyaçlarını karşılamak için evlerinin biraz uzağında bulunan kitapçının yolunu tutuyordu. Artan parasıyla kardeşine oyuncak, babasına kareli gömlek, annesine de bir çift çorap alıyordu. Arta kalan parayı da getirip doğruca annesine veriyor, böylece onları sürprize boğuyordu...

Hasan daha fazla dayanamayıp annesinin şaşkın bakışları arasında yıldırım gibi dışarı fırladı. Odunluktaki teneke kumbarayı dolduran paralar ne güne duruyordu? Babası hastayken sürpriz yapmak için beklenir miydi? Kumbarayı kaptığı gibi koşarak içeri girdi ve annesinin ayaklarının dibine boşalttı varını yoğunu.

— Al bunları anne, al ve çabuk ilaç getir. Babam hasta yatarken...

O gece Hasan'ın gözüne yine uyku girmedi. Babasının iyileşip iyileşemeyeceğini merak ediyordu. Bazen de okulların açılacağı ilk günü düşünüyor ve gerçekleştirmek istediği sürprizlerin hayal oluşuna üzülüyordu. Ancak biriktirdiği paralarla babasının iyileşmesini sağlayacak ilaçları aldığı için bu üzüntüsü garip bir biçimde sevince dönüşüyordu.

Sabah uyandığında babası hâlâ kendisine gelememiş dalgın bir şekilde yatıyordu yatağında. Hasan boya sandığını alıp çıktı.

O gün hava kapalıydı. Hasan'ın içi sıkılıyordu. Her zamanki yerine gidip oturdu. Beklerken son derece dalgındı. Eğer babası iyileşmezse neler olabileceğini düşündü. Hayır, onun ölebileceğini aklına getirmek bile istemiyordu. Yüreği göğsüne sığmıyor, duyguları çağlıyordu sanki. Biraz sonra yağmurla birlikte gözyaşlarına hâkim olamadı başladı ağlamaya...

Yoldan geçen arabanın korna sesleriyle irkildi. Yağmur damlaları Hasan'ın alnından yanaklarına doğru akıyor ve yanaklarından aşağı süzülen gözyaşlarıyla karışarak boya sandığının üzerine düşüyordu.

Hasan üşümüş, içi titremeye başlamıştı. Yağmura şöyle seslendi:

— Sen neden ağlıyorsun yağmur, senin de mi baban hasta? Yoksa derdime ortak olmak, üzüntülerimi paylaşmak için mi eşlik ediyorsun bana?

Hava yağmurlu olduğu için ayakkabı boyatmaya yine kimse gelmemişti. Akşam oldu. Eve dönerken Hasan'ın içindeki sıkıntısına garip duygular karışıyordu. Bu duygulara bir anlam veremedi. O arada yeni alınan ilaçları içmesine rağmen kendine gelemeyen babası, acaba nasıl olmuştu? diye aklından geçirdi.Eve doğru gittikçe yaklaşırken heyecanlanmaya başladı. Adımlarını sıklaştırarak koşar adım yürümeye başladı. Bahçe kapısından içeri girip, giriş merdivenini çıktığında bir an durdu. Kapıyı açmaya cesaret edemediğini fark etti. Ya bir şey olduysa babasına, ya bir daha iyileşip ayağa kalkamazsa?..

Nihayetinde dış kapıyı yavaşça açıp içeri girdi. Annesi ortalıkta görünmüyordu. Babasının yattığı odaya yöneldi. Kapıyı sessizce açıp babasının yatağına baktığında gözlerine inanamadı. Akşama kadar "Acaba iyileşecek mi, ya ölürse ben onsuz ne yaparım, nasıl yaşarım?" diye düşündüğü babası yatağın içinde oturuyordu. Kapının açıldığını duyunca dönüp baktı. Gelenin Hasan olduğunu gördü. Dudaklarından bir tebessüm, yüzünde bir mutluluk ifadesi vardı. Birkaç gündür takatsiz kalan kollarını güçlükle açtı Hasan'a doğru. Hasan kalbindeki sevginin gücüyle uçarcasına koştu; sıkı, sımsıkı sarıldı babasına! O da tüm şefkatiyle bağrına bastırdı onu. Pehlivan Baba bu yaşta böyle bir çocuğa sahip olmanın mutluluğunu yaşarken oğlu da kendi kazandığı paralarla babasına ilaç alıp onun iyileşmesine vesile olmanın sevinciyle adeta havalara uçuyordu...

Bu arada kapı yavaşça açıldı. Gelen kucağında küçük kardeşiyle annesiydi. Babayla oğlunu birbirlerine sarılmış görünce anne gözyaşlarını tutamadı ve bir süre seyretti onları. Mutluluklarını bozmak istemediğinden yavaşça çıkıp ufaklığı uyutmak için geçti yan odaya.

ANNEMİN ELİNİ ÖPÜNCE
ÇOK SEVİNDİ, O DA BENİ
KUCAKLAYIP ÖPTÜ. SONRA
ELİNE CÜZDANINI ALDI.
'HARÇLIK GELİYOR!' DİYE
ÇOK SEVİNDİM, ÇIKARDIĞI
PARAYI BANA UZATIP
"DETERJAN BİTMİŞ OĞLUM,
Bİ KOŞU BAKKALA GİT
DE BİR KUTU DETERJAN
GETİR..." DEYİNCE, HEVESİM
KURSAĞIMDA KALDI.

EVLERDE SEVGİ RÜZGÂRI ESTİ

Hikâyeyi okurken çok duygulanmıştım. Zaman zaman sesim titremiş, gözlerim dolu dolu olmuş hatta ağlamamak için epeyce uğraşmıştım. Ancak hikâye bittiğinde kendimi koy vermiştim. Gözyaşlarım yanaklarımdan aşağı süzülüp ceketimin yakasına damlarken sınıfta bana eşlik edenler vardı. Bazı öğrenciler mendillerini çıkarmış gözyaşlarını siliyor, bazıları da ağladıklarını belli etmemek için olanca güçleriyle direnmeye devam ediyordu.

Bir süre kimse konuşmadı. Belli ki; öğrencilerin çoğu derin düşüncelere dalıp gitmişti. Gözlediğim kadarıyla okuduğum hikâye öğrencilerin ruhlarına işlemiş, yüreklerinin taa derinliklerine kadar etkilemişti onları. Bu noktadan sonra anne-baba sevgisinden söz etmek, onlara öğüt vermek çok yersiz ve gereksiz olacaktı. Sözlerim bu samimi ortamı bozan ve bu sıcaklığa pek yakışmayan bir cızırtı gibi gelecekti.

Teneffüs zilinin çalmasına üç dakika kala sessizliği bozdum:

— Arkadaşlar size minicik bir ödev vermek istiyorum. Ancak bu ödevi yerine getirip getirmemekte serbestsiniz!..

Sınıftaki öğrencilerle göz iletişimi kurup neler düşündüklerini anlamaya çalıştım. Allahım hepsi ne kadar masum ne kadar da sevimliydi böyle.

— Lütfen, bugün eve gittiğinizde anne ve babanızın elini öpüp onlara kendilerini çok sevdiğinizi söyler misiniz? Biliyorum belki bazılarınıza tuhaf gelecek, belki de bu güne kadar böyle bir şey yapmadığınız için çekineceksiniz. Ama lütfen, tüm gücünüzü toplayıp dediğimi yapın. Annenizle babanız sizin onlara göstereceğiniz bu güzel davranışa o kadar çok sevinecekler ki; siz bunu görünce "Keşke, onların elini daha önce de öpseydim!" diyeceksiniz. Hepimiz de annemizi, babamızı mutlu etmeyi çok isteriz öyle değil mi arkadaşlar?

Yüzlerdeki ifadeden anladığım kadarıyla öğrencilerin tamamı bu soruma olumlu yanıt veriyordu. Onlara son olarak:

— Bir dahaki görüşmemizde, bana evde neler olduğunu anlatırsanız sevinirim ve hepinize şimdiden teşekkür ederim.

Ertesi gün, aynı sınıfın Türkçe öğretmeni rahatsızlığından dolayı istirahatlı olduğu için üçüncü saati boştu. Türkçe öğretmenini beklerken karşılarında beni görünce şaşırdılar. Öğretmenlerinin sağlık problemi nedeniyle rapor aldığını dersleri boş olduğu öğrenince de geldiğimi söyledim.

Ön sıralarda oturan bir öğrenci; "Öğretmenim, bugün bize yine hikâye okuyacak mısınız?" diye sordu. Ben "Hayır" diye cevap verince bir başka öğrenci "Lütfen okuyun Öğretmenim, dün okuduğunuz çok güzeldi..." dedi. Bunun üzerine ben de "Peki, size verdiğim ödevi yaptınız mı?" diye sordum.

Sınıfa bir sessizlik çöktü. Yüzlerine baktığımda bazılarının memnun ve mutlu bir ifadeyle gülümsediğini gördüm. Konuşmak için cesaretlendirilmeyi beklediklerini düşünüp sözlerime devam ettim:

— Evet arkadaşlar, öptünüz mü anne-babanızın ellerini? Evde neler olduğunu anlatmak ister misiniz? Anlatırsanız da çok sevinirim.

Orta sıralarda oturan bir öğrenci parmak kaldırdı.

— Annemin elini öptüğümde bana "Hayrola kızım, bayram değil seyran değil bu el öpme de nereden çıktı?" diye sordu. Ben de ödev verdiğinizi söyledim ve okuduğunuz hikâyeyi anlattım. Annem çok sevindi, o da beni öptü.

Öğrenciler birbirinden cesaret alıyor ve konuşmak için parmak kaldıranların sayısı artıyordu:

— Önce annemin elini öptüm ve ona, anlattığınız hikâyeyi anlattım. Çok sevindi. Sonra annemle birlikte babamı beklemeye başladık. Babam fabrikada çalıştığı için eve geç geliyor ve çok yorgun oluyor. Kapı çaldığında ben açtım ve "Hoş geldin Babacığım! Bizim için çalışıp çok yoruluyorsun bu nedenle sana ne kadar teşekkür etsem azdır. Ver elini öpeyim..." dedim. 'Bana öyle bir sarıldı ki Öğretmenim, çok sevindim...' sonra da "Bütün yorgunluğum şimdi gitti kızım." dedi.

En arka sıradaki uzun boylu öğrenci söz aldı:

— Biz böyle şeylere hiç alışık değiliz Hocam, anne ve babam çok sevindi. Babam çıkarıp bana bir sürü harçlık verdi hatta. Sayenizde Öğretmenim, çok sağ olun.

— O zaman harçlığının yarısını benim, deyince tüm sınıf kahkahalarla güldü...

Ön sıralarda oturan tombulca bir erkek öğrenci söz aldı.

— Annemin elini öpünce çok sevindi, o da beni kucaklayıp öptü. Sonra eline cüzdanını aldı. 'Harçlık geliyor!' diye çok sevindim, çıkardığı parayı bana uzatıp "Deterjan bitmiş oğlum, bi koşu bakkala git de bir kutu deterjan getir..." deyince, hevesim kursağımda kaldı.

Sınıf yine kahkahaya boğuldu. Yine arka sıradan bir öğrenci söz aldı:

— Öğretmenim biz babamla pek geçinemeyiz. Ben ne yaparsam hep suç olur bizim evde. Dün sizin istediğinizi yerine getirmek için babamın yanına gittim. Bana bakıp azarlar gibi "Ne o ulan! Yine ne var?" dedi. "Elini öpeceğim." dedim. "Yine bir suç mu işledin eşek herif?" dedi. Ben de, "Yooo, içimden öyle geldi!" dedim. Elini öptürdü ama yine de sevgi göstermedi.

Pencere kenarında oturan bir öğrenci:

— Öğretmenim ben zaten her gün okula gelirken annem ve babamın elini öptüğüm için bizim evde herhangi bir değişiklik olmadı.

Bir süre parmak kaldıran olmadı. Orta sıralardan bir kız öğrenci yavaşça kalkıp tahtaya doğru yürümeye başladı. Yanıma yaklaşıp "Öğretmenim elinizi öpebilir miyim?" diye sordu. Şaşırdığımı görünce devam etti. "Benim babam yok da Öğretmenim!"

Elimi öptü, ben de onu öpüp kucakladım. Başını okşadım "Babanın yerini kimse dolduramaz. Ama istersen senin abin olurum..." dedim. Dönüp sessizce yürüdü ve yerine oturdu. Başını sıraya koyup yüzünü kapadı...

Bu sırada en arkada birkaç öğrenci hep birden bir arkadaşlarına "Hadi, sen de git!" der gibi işaret yapıyordu. Ancak o öğrenci gelmedi. Sonradan öğrendiğime göre onun da annesi yokmuş...

Yüreğim ailelerde güzel bir sevgi oluşturmaya katkıda bulunmanın heyecanını duyarken zil çaldı. Teneffüse çıkarken annemin sözü geldi aklıma:

"Öğrencilerini sev oğlum! Unutma onların içinde yetimler, öksüzler vardır. Kimseyi dövme, kimseye kötü söz söyleme. Herkesin anası babası ol! Hadi, Allah yardımcın olsun oğlum..."

"Anam benim, canım anam, melek anam!" diye mırıldanarak öğretmenler odasına doğru yürüdüm.

ÇOCUKLARIMIZ TEMBEL DEĞİL! ONLARI ÇALIŞTIRMAK İÇİN KENDİLERİNE AŞIRI BİR BASKI UYGULAYARAK TEMBELLİĞE BİZ İTİYORUZDUR BELKİ! HANİ ÇİKOLATA YEMEK İSTEMEYEN BİR ÇOCUĞA ZORLA ÇİKOLATA YEDİRMEK İSTEDİĞİMİZDE ÇOCUK ONDAN TİKSİNİR YA, ÇOCUKLARIMIZA DA SÜREKLİ ÇALIŞMALARINI SÖYLEYİP BUNU ISRARLA TEKRAR EDERSEK ONLARI ÇALIŞMAKTAN SOĞUTABİLİRİZ.

BUGÜNE KADAR HEP YANLIŞ YAPMIŞIZ BE HOCAM!

Pazar günü sabah saat dokuzda beni evden aldılar. Adana'nın en güzel piknik yerlerinden biri olan Seyhan Barajı'na gitmek için yola çıktık.

Baraja geldiğimizde Cem'le Serkan eşyaların indirilmesine yardım ettikten sonra dolaşmaya çıktı. Orhan Bey, eşi Selma Hanım, Ayten Hanım ve eşi Ökkeş Bey sabırsızlıkla bir an evvel konuşmaya başlamamı bekliyordu.

Ayten Hanım söze başladı:

— Çok sağ olun Hocam. Çocuklarla konuşmuşsunuz.

— Evet konuştuk. Neler konuştuğumuzu anlattılar mı?

— Çok istedim ama anlatmadılar.

Orhan Bey araya girdi,

— Hocam sizinle bir daha görüşmeden onunla konuşmamayı düşünmüştüm.

— İyi etmişsiniz. Şimdi, sizinle bu konuyu konuşalım.

— Evet Hocam, çocuklarla konuşmuşsunuz. Ne düşünüyorsunuz?

Bu soru üzerine, zor bir sınavla karşı karşıya olduğumu fark ettim. Hiçbir şey düşündüğüm kadar kolay değildi. Söze nasıl başlayacağımı bilemiyordum. Kimi ilkokul mezunu olan, kimi okuma yazma bile bilmeyen bu insanlara doğruları nasıl sunmalıydım? Bugüne kadar sürdüregeldikleri bazı yanlış alışkanlıklardan nasıl vazgeçirecektim? Etkili olmak için onlarla aynı dili konuşmam çok önemliydi. Hani, "Siz ne kadar konuşursanız konuşun, konuştuklarınız karşınızdakinin anladığı kadardır." diye bir söz vardır. Bu insanlar söyleyeceklerimi anlamadıktan sonra ha anlatmışım, ha anlatmamışım ne fark ederdi? Yıllardır baskı, azar ve korkuyla çocuklarını çalıştırmak için uğraşan bir babadan çocuklarıyla konuşmasını, onları kucaklayıp öpmesini nasıl isteyecektim? Üniversitede bize Lidyalıların ekonomik yaşamını, Frigyalıların sosyal yapısını veya Urartuların mimarisini anlatan hocalarımız, günümüzdeki aile ilişkilerinde karşılaşılan sorunları nasıl çözeceğimizden pek de söz etmemişti. Savaşan askerlerin sayılarının ne kadar olduğunu, bunların kaçının atlı, kaçının yaya, kaçının okçu olduğunu ezberleten hocalarımız, nedense anne-babasıyla adeta savaş halinde olan çocukların, gençlerin problemlerini nasıl çözeceğimizi pek öğretmemişti. Çocukların evlerine bile gideceğimiz onların aklına hiç gelmemişti. Bunun için de bize bunu hiç tavsiye etmemişlerdi. Başımızı tarihin karanlık olaylarına gömüp oralarda bocalarken, günümüz olaylarını değerlendirmeyi, günümüz sorunlarını çözmeyi yeteri ve gereği kadar akledemiyorduk! Bugünün; yarınların dünü olacağını görmezden gelip galiba soruları çözmeye başlamak için tarihteki yerini almasını bekliyorduk boş yere!

Karşımda, konuşmam için adeta yalvaran, söyleyeceklerimi anlamak için can atan iki aile vardı. Bu, işim kolaylaştıracak bir fırsat olacağa benziyordu.

— Çocuklarla bir buçuk saate yakın konuştum. Kendimi onların yerine koyup dinledim, anlamaya çalıştım. Sizden rica ediyorum, onların söylediklerini kendi anlayışımıza göre değerlendirmeyin. Onların neden böyle konuştuklarını veya davrandıklarını anlamaya çalışalım olmaz mı, diye sordum. Ayten hanım heyecanla;

— Olur Hocam, tamam dedi. Sonra da;

— Eee çocuklarla ne konuştunuz? diye sordu. Heyecanlanmaları ve beni dinlemek için sabırsızlanmaları hoşuma gitmişti.

Orhan Bey'in elindeki güneş gözlüğü dikkatimi çekti:

— Gözlüğünüzü rica edebilir miyim, Orhan Bey?

— Tabii.

— Şimdi bu gözlüğü sırayla herkesin takmasını rica ediyorum. Herkes gözlüğü sırayla takıp çıkardı.

— Çevre gözlükle nasıl görünüyor?

— Oldukça karanlık.

— Peki, ya gözlüksüz?

— Aydınlık.

— Karar verin; çevremiz karanlık mı, aydınlık mı?

Selma Hanım:

— Duruma göre değişiyor; gözlükle karanlık, gözlüksüz aydınlık.

—Yani, çevre aynı çevre. Onu farklı görmemiz, gözlüklü veya gözlüksüz bakışımızdan kaynaklanıyor. Eğer biz gözümüze kırmızı bir gözlük taksaydık, o zaman her şeyi kırmızı olarak görecektik değil mi?

— Evet.

— Bakın konuya iyice ısınmamız için bir olay daha anlatayım:

Birkaç kadın toplanıp komşularına çay içmeye gitmiş. Çayları içerlerken, karşı binanın balkonunda, bir kadının yıkamış olduğu çamaşırları kuruması için serdiğini görmüşler. Ev sahibi kadın, misafirlerine dönüp "Baksanıza şu kadına, çamaşırlarını nasıl da kirli yıkamış? Üzerinde benek benek lekeler kalmış! Bir de bunları ele güne karşı asıyor..." demiş.

Komşuları bir şey dememiş. Çaydan sonra misafirlerden biri ev sahibine: "Ah komşu, ne kadar da sıcak oldu. Zahmet olacak ama şu camı biraz açar mısın?" demiş.

Ev sahibi kalkıp camı açmış ve yerine oturmuş. Misafirler açık olan camdan dışarı baktıklarında, karşı balkonda asılı duran çamaşırların tertemiz olduğunu fark etmiş. Meğerse kirli olan çamaşırlar değil, arkasından baktıkları cammış. Ev sahibi bunu anlayınca utancından kıpkırmızı olmuş.

Demek istediğim şu: Biz çevremizdeki olayları çoğu zaman olduğu gibi algılayamayız, göremeyiz. Başka bir deyişle onları içinde bulunduğumuz duygu ve düşüncelere göre algılar ve öyle görürüz.

Selma Hanım atıldı:

— Yani bizim çocuklarımız aslında çalışkanlar da biz mi onları tembel görüyoruz?

— Çocuklarımız tembel değil! Onları çalıştırmak için kendilerine aşırı bir baskı uygulayarak tembelliğe biz itiyoruzdur belki! Hani çikolata yemek istemeyen bir çocuğa zorla çikolata yedirmek istediğimizde çocuk ondan tiksinir ya, çocuklarımıza da sürekli çalışmalarını söyleyip bunu ısrarla tekrar edersek onları çalışmaktan soğutabiliriz.

Orhan Bey:

— Sanırım ben bu yanlışlığa düştüm. Ben okuyamadım, bari onlar okusunlar, istedim. Bu yüzden baskı yaptım hatta dövdüm. Tabii ki bu da şimdi yaşadığımız olumsuz sonuçları doğurdu,dedi.

Orhan Bey'in bu yanlışlığını fark etmesine çok memnun kalınca gülümseyerek cevap verdim:

— Haklısınız Orhan Bey, ama zorla da güzellik olmaz ki... Oynamak istemeyen, oyun hırsı olmayan bir futbolcuyu ne kadar zorlarsanız zorlayın başarılı olamaz. Dolayısıyla sizin antrenörlüğünüz de bu anlamda amacına ulaşamaz... Ulaşamadı da... Bir antrenör olarak tüm yaptıklarınıza rağmen futbolcularda heves yoksa nafile; tüm çalışma boşa gider!

Ayten Hanım:

— Doğru Hocam, biz çocuklarımızı karşımıza alıp onlarla konuşmuyoruz hatta onların bizden neler beklediklerini doğru dürüst bilmiyoruz. Size bir şey sormak istiyorum; çocuklarımız bizden tam olarak neler istiyor? Onlarla yaptığınız konuşmada bunu size söylemişlerdir, diye umuyorum.

Ayten Hanım bu soruyu sorunca aklıma "PULSUZ DİLEKÇE" geldi. Prof. Atalay Yörükoğlu'nun "Çocuk Ruh Sağlığı" adlı kitabının arkasında bir gencin anne-babasına yazdığı bir mektup vardı: Yörükoğlu, bu mektubu "PULSUZ DİLEKÇE" ismiyle yayımlamıştı. Bu yazı çok hoşuma gittiği için fotokopisini çektirmiştim. Sürekli yanımda taşıdığım bu yazıyı uygun ortamlarda okurdum. Ayten Hanım'ın sorusuna verilecek en iyi cevap, sanırım bu mektup olacaktı:

— Evet Ayten Hanım, çocuklarınız neler beklediklerini söyledi. Aslında bunları bana değil, daha çok size söylemeliydiler. Onların isteklerinin neler olduğuna geçmeden önce size bir yazı okuyacağım. Bir bilim adamı çocukların sorunları üzerine uzun yıllar araştırma ve incelemeler yapmış, onların dünyalarını anlamaya çalışmış ve de bir çocuğun ağzından, onların anne-babalarından neler isteyip istemediklerini yazmış. Çocuklarınızın istedikleriyle bu yazıdaki çocuğun istedikleri hemen hemen aynı. Şimdi bu mektubu okuyacağım, sonra hep birlikte değerlendirmesini yaparız, tamam mı?

Metni çıkardım. Hemen bir çocuk rolüne bürünüp onların gözlerinin içine masum masum baktım. Ve onların kalplerine seslenircesine okumaya başladım:

BİLİYORUM, ARA SIRA
SİZİ ÜZÜYOR, BELKİ
DE DÜŞ KIRIKLIĞINA
UĞRATIYORUM. BANA
VERDİKLERİNİZE KIYASLA
BENDEN İSTEDİKLERİNİZİN
ÇOK OLMADIĞINI DA
BİLİYORUM. YUKARIDA
SIRALADIĞIM İSTEKLER SİZE
ÇOK GELDİYSE BİRÇOĞUNDAN
VAZGEÇEBİLİRİM; YETER
Kİ BENİ, BEN OLARAK
SEVEBİLECEĞİNİZE OLAN
İNANCIM SARSILMASIN.

PULSUZ DİLEKÇE

Sevgili Anne ve Babacığım;

Bütün duygu ve düşüncelerimi dile getirebilseydim, size şunları söylemek isterdim:

Sürekli bir büyüme ve gelişme içindeyim. Sizin çocuğunuz olsam da sizden ayrı bir kişilik geliştiriyorum, lütfen beni tanımaya ve anlamaya çalışın!

Deneme ile öğrenirim. Bana ayak uydurmakta güçlük çekebilirsiniz. Oyunda, arkadaşlıkta ve uğraşlarımda özgürlük tanıyın. Beni her yerde, her zaman koruyup kollamayın. Çünkü davranışlarımın sonuçlarını kendim görürsem daha iyi öğrenirim. Bırakın, kendi işimi kendim göreyim yoksa büyüdüğümü başka nasıl anlarım?

Büyümeyi çok istiyorsam da ara sıra, olduğumdan daha küçük davranmaktan kendimi alamıyorum. Bunu önemsemeyin. Ama tutup da daha fazla sakın beni şımartmayın, hep çocuk kalmak isterim sonra. Her istediğimi elde edemeyeceğimi biliyorum. Ancak siz verdikçe almadan edemiyorum. Bana yerli yersiz söz de vermeyin. Şunu iyi bilin ki; sözünüzü tutamayınca benim size olan güvenim azalıyor.Bana kesin ve kararlı davranmaktan çekinmeyin. Doğru yoldan saptığımı görünce beni uyarın sadece. Koyduğunuz kurallar ve yasakların hepsini beğendiğimi söyleyemem ancak hiç kısıtlanmayınca da ne yapacağımı hepten şaşırıyorum. Tutarsız davrandığınızı görünce hem bocalıyor hem de bundan yararlanmadan edemiyorum.

Öğütlerinizden çok, davranışlarınızdan etkilendiğimi unutmayın. Beni eğitirken ara sıra hata yapabilirsiniz. Bilin ki bunları çok çabuk unuturum. Ancak birbirinize olan saygı ve sevginizin azaldığını görmek beni yaralar ve sürekli tedirgin eder.

Çok konuşup çok bağırmayın. Çünkü yüksek sesle söylenenleri pek duymazken yumuşak ve kesin sözler bende daha çok iz bırakır. "Ben senin yaşındayken..." diye başlayan konuşmaları hep kulak ardına atarım.Küçük yanılgılarımı büyük suçmuş gibi başıma kakmayın; bana biraz da yanılma payı bırakın. Beni korkutup sindirerek, suçluluk duygusu aşılayarak, uslandırmaya çalışmayın. Yaramazlıklarımdan ötürü beni kötü çocukmuşum gibi yargılamayın.

Yanlış davranışım üzerinde durup düzeltin. Ancak ceza vermeden önce beni mutlaka dinleyin ve şunu iyi bilin ki; suçumu aşmadığı sürece her cezaya katlanabilirim.

Beni dinleyin. Öğrenmeye en yatkın olduğum anlar, soru sorduğum anlardır. Açıklamalarınız kısa ve özlü olsun. Başarabileceğim işleri yapmamı bekleyin, beni yeteneklerimin üstündeki işleri yapmaya zorlamayın. Bana güvendiğinizi belli edip destekleyin veya hiç değilse çabamı övün. Beni başkalarıyla karşılaştırmayın yoksa umutsuzluğa kapılırım.

Benden yaşımın üstünde olgunluk beklemeyin. Bütün kuralları birden öğretmeye kalkmayın, biraz zaman tanıyın. Yüzde yüz dürüst davranmadığımı görünce ürkmeyin. Beni köşeye sıkıştırmayın, yoksa yalana sığınmak zorunda kalırım. Sizi çok bunaltsam bile soğukkanlılığınızı yitirmeyin. Kızgınlığınızı haklı görebilirim, ama beni aşağılamayın. Hele başkalarının yanında onurumu kırmayın. Unutmayın ki ben de başkalarının yanında sizi güç duruma düşürebilirim. Bana haksızlık ettiğinizi anlayınca itiraf etmekten çekinmeyin. Özür dilemeniz, size olan sevgimi azaltmaz. Tersine, beni size daha çok yaklaştırır. Aslında ben, sizi olduğunuzdan daha iyi ve değerli görüyorum. Bana kendinizi yanılmaz ve erişilmez gibi göstermeye sakın çabalamayın. Çünkü yanıldığınızı görünce üzüntüm büyük olur.

Biliyorum, ara sıra sizi üzüyor, belki de düş kırıklığına uğratıyorum. Bana verdiklerinize kıyasla benden istediklerinizin çok olmadığını da biliyorum. Yukarıda sıraladığım istekler size çok geldiyse birçoğundan vazgeçebilirim; yeter ki beni, ben olarak sevebileceğinize olan inancım sarsılmasın.

Benden "Örnek Çocuk" olmamı istemezseniz ben de sizden kusursuz ana-baba olmanızı beklemem. Sevecen ve anlayışlı olmanız bana yeter.

Sizin çocuğunuz olarak doğmak elimde değildi. Ama seçme hakkım olsaydı, sizden başka kimsenin çocuğu olmayı asla istemezdim. Sevgilerimle

Çocuğunuz...

ÇOCUKLARINI DERS ÇALIŞTIRMAK, ONLARIN GELECEKLERİNİ KURTARMAK ADINA BASKI YAPIYOR, SÖYLENİYOR, AZARLIYOR VE HATTA ONLARI DÖVMEYE KALKIYORDU. BU DURUMDA İŞLER İYİCE SARPA SARIYORDU TIPKI BATAKLIĞA DÜŞMÜŞ BİR İNSAN GİBİ KURTULMAK İÇİN ÇIRPINDIKÇA DAHA DA BATIYORDU.

ÇOCUKLARIMIZIN KALPLERİNİ DOYURMAYI BİLİYOR MUYUZ?

Yazı bitince herkeste bir sessizlik oldu…

Orhan Bey ve Ökkeş Bey ben mektubu okurken çoğu cümleyi başlarıyla onaylıyordu. Yazı onları oldukça etkilemişti anlaşılan.Karşımdaki insanların bu kadar çok etkilenmesi beni de duygulandırmıştı. Hemen herkes gibi bu anne-babalar da çocuklarını iyi yetiştirmek istiyordu hiç şüphesiz. Çocuklarını eğitmek için var gücüyle uğraşıp didiniyorlardı. Fakat onları eğitmek için gerekli bilgi ve kültüre tam olarak sahip değillerdi. Kısıtlı imkânları ve dar gelirleriyle çocuklarının karınlarını doyuran bu aileler onların kalplerini ve ruhlarını nasıl doyuracaklarını bilmiyordu. Yani çocuk ruhu ne ister, çocuğun gelişim evreleri nelerdir, hangi evrelerde çocuğa nasıl davranılır, çocuklar hangi yaşta nasıl davranışlar sergiler, onlar neden sürekli olarak değişirler ve bir günleri diğer bir günlerine niçin uymaz, çocuklara sevgi nasıl gösterilir, onlarla nasıl konuşulur, istenen tutum ve davranışlar nasıl kazandırılır, kısaca onların başarısı nasıl sağlanır? Bu konularda anne-babaların yeterli birikimleri yoktu. Böyle olunca da geleneksel davranışları sürdürüyorlardı doğal olarak. Çocuklarını ders çalıştırmak, onların geleceklerini kurtarmak adına baskı yapıyor, söyleniyor, azarlıyor ve hatta onları dövmeye kalkıyordu. Bu durumda işler iyice sarpa sarıyordu tıpkı bataklığa düşmüş bir insan gibi kurtulmak için çırpındıkça daha da batıyordu.

İşte, karşımda duran bu dört insanın yalvarırcasına bakışları beni bundan dolayı çok etkilemişti.Bu insanlar bağnaz, tutucu veya kara cahil hiç değildi. Evet, bilmiyorlardı, ama bilmediklerinin de farkındaydılar ve öğrenmek için çaba harcıyorlardı. Onları sevimli kılan da bu tutumlarıydı. Şimdi, görev bana düşüyordu. İtici olmadan, kırmadan, bugüne kadar sürdüregelen yanlış davranışları yüzlerine vurmadan onlara yardımcı olmalıydım. Bu samimi insanlar çocuklarıyla sevgi köprüleri ve sağlıklı bir iletişim kurmalıydılar.

Söze nasıl başlayacağımı düşünürken Ayten Hanım coşkulu ve candan;

— Hocam siz mektubu okurken, onu Cem'in yazdığını zannettim.

Orhan Bey de gülümseyerek:

—Ben de bizim evde olanları Serkan size anlattı ve bu yazıyı da siz yazdınız, diye düşündüm. Sizin okuduğunuz yazı aynı bizim evde olanları anlatıyor.

— Demek ki her çocuğun anne ve babasından istekleri hemen hemen aynı, öyle değil mi? diye sordum.

Konuyu değerlendirirken "Siz de bu hataları yapıyorsunuz, böyle davranmanız hiç doğru değil" gibi bir yaklaşım sergilemek karşımdaki insanları savunma durumuna itebilirdi. Bu yüzden sorunu kendim ortaya koyup çözümleri söylemek yerine, aileleri konunun içine çekmeli, sorunu onlara tespit ettirip çözümünü de kendilerine buldurmalıyım, diye düşündüm ve şöyle bir öneri getirdim:

— Şimdi bir çocuğun anne-babasından neler isteyeceğini az çok gördük. Belki bunların hepsini birden aklımızda tutmamız zor. Onun için ben bölüm bölüm okuyayım, siz de değerlendirin ve kendi evinize göre yorumlayın. Yeri geldikçe ben de çocuklarınızın istediklerini ve okuduklarımla ilgili düşüncelerimi söyleyeceğim, tamam mı?

— Gayet tabii...

— Haydi, öyleyse başlıyorum:

BİZ ÇOCUKLARIMIZI HİÇBİR
YERDEN VE HİÇ KİMSEDEN
BİR ŞEY ÖĞRENMEKSİZİN
TEK BAŞIMIZA
BÜYÜTMEYE ÇALIŞMIŞIZ.
BÜYÜKLERİMİZDEN NE
GÖRMÜŞSEK AYNISINI
ÇOCUKLARIMIZA UYGULAYIP
DEVAMLI ÖĞÜT VERİP
DURMUŞUZ ONLARA.
KENDİMİZ SİGARA İÇERKEN
ONLARA İÇMEYİN, YİNE
KENDİMİZ OKEYİN, TAVLANIN
BAŞINDAN KALKMAZKEN
ONLARA ÇOCUK
OYUNLARINI OYNAMAYI BİLE
YASAKLAMIŞIZ.

ÇOCUKLARIMIZA KONUŞMA FIRSATI VERMEDİĞİMİZİ ANLADIM

"Sevgili Anneciğim Babacığım..."

İlk soruyu hemen sordum:

— Sahi, çocuklarınız size hiç böyle seslendiler mi?

— Hayır.

— Peki ya siz, çocuklarınıza "Canım yavrum, sevgili kızım, biricik oğlum" dediniz mi hiç?

— Hayır! Acaba başarabilir miyim bilmiyorum ama ben bundan sonra böyle seslenmeyi deneyeceğim, dedi Selma Hanım.

— Teşekkür ederim. Bakın olumlu düşünmeye başladık. Sizi tebrik ediyorum Selma Hanım, diye cevap verdim.

"Bütün duygu ve düşüncelerimi dile getirebilseydim size şunları söylemek isterdim."

Orhan Bey:

— Bir şey söyleyeceğim...

— Buyurun, lütfen.

— Galiba biz çocuklarımıza karşı kendi duygu ve düşüncelerimizi her zaman söyledik; ama onların duygu ve düşüncelerini bize söylemelerine hiç fırsat vermedik, onlara sormadık. Konuştuklarında kendilerini adam yerine koyup dinlemedik. Eğer çocuklarımıza konuşma fırsatı verseydik, bu kitapta yazanları onlar da bize söyleyecek ve bugünkü sorunları yaşamayacaktık.

"Sürekli bir büyüme ve gelişme içindeyim. Sizin çocuğunuz olsam da sizden ayrı bir kişilik geliştiriyorum. Lütfen, beni tanımaya ve anlamaya çalışın."

Ayten Hanım:

— Onları ne tanıdık ne de anladık hatta hiç dinlemedik. Çocuklarımızın bizden ayrı bir kişilik geliştirebileceklerini açıkçası ben kendi adıma hiç düşünmedim bile. Onları hep kendimize benzetmeye, bizim gibi yetiştirmeye çalıştık ve bildiklerimizin dışına çıkmalarına asla izin vermedik.

Ökkeş Bey:

— Ben çocukların geliştiğini, aldığım elbiseler bir süre sonra dar gelip yeni elbise istediklerinde fark ediyorum. İki sene giysin diye aldığım bol bir elbisenin bir sene bile geçmeden dar geldiğini görünce "Bunlar da ne çabuk büyüyor?" diye şaşırıyorum.

Sohbetin olumlu, yapıcı ve tatlı geçtiğini görünce çocukların da katılmalarının daha yararlı olacağını düşündüm ve onları çağırmak istediğimi söyledim. Orhan Bey tedirgin olmuştu. "Hocam siz bilirsiniz ama bu konuları çocukların yanında konuşmayalım, belki tuhaflarına gider, hem daha alışık değiliz de..." dedi. O anki olumlu ortamı bozmamak için bir şey demedim ve okumaya devam ettim:

Orhan Bey:

— Vay be! Ben de kendimi antrenör sanırdım. Meğer ben neler yapmışım! Onların serbestçe oynamalarına, eğlenmelerine, gezmelerine, televizyon izlemelerine pek izin vermedim, serbestlik tanımadım. Her şeyi tek başıma ben belirlemeye kalkıştım. Ders çalışmaktan başka işler de yapabileceklerini hiç düşünemedim. En büyük hatam da bu olmuş sanırım. Ah, ben ne büyük bir hata yapmışım meğer!

Ayten Hanım:

— Çocukların her şeyini biz belirlemekle yanlış yapmışız demek ki. İnanır mısınız Hocam, çocuklara aldığımız elbiselerin rengini bile ben seçiyorum. Bugüne kadar onları hep koruduk, kolladık. Onların yerine biz düşündük, biz karar verdik, işlerini biz gördük. Bütün bunları yaparken onları sıktığımızın, bunalttığımızın farkına varamadık.

Orhan Bey:

— Demek sorumluluk duyguları, bu yüzden gelişmedi. Onları ders çalışmaya istekli hale getiremediğimiz gibi biz zorlayınca ders çalışma hevesleri de tümden gitti. Derslerini düşünmelerine gerek kalmadı, çünkü onları her zaman uyaracak bizler vardık. Yanlış yapmışız Hocam, yanlış...

— Evet, haklısınız. Konuştuğum birçok öğrenci aynı düşünceyi dile getirdi. Çocukların oyun oynaması gerektiği hep göz ardı ediliyor. Oysa oyuna doymayan bir çocuk kendini yeterince derslerine veremez, aklı hep sokakta ve oyunda olur. Hele de onları oyundan alıp zorla ders çalışmaya oturttuk mu en büyük yanlışı o zaman yapmış oluruz. Çocuklarımız ergenlik çağındayken daha özgür olmak ve bir şeyler başararak kendilerini kanıtlamak isterler. Kendi işlerini kendilerinin yapmaları gerektiği bilincine ulaştıklarında artık başarısız olmaları mümkün değil.

"Beni şımartmayın. Her istediğimi elde edemeyeceğimi biliyorum. Ancak siz verdikçe almadan edemiyorum. Bana yerli yersiz söz vermeyin. Şunu iyi bilesiniz ki; sözünüzü tutmayınca benim size olan güvenim azalıyor."

Selma Hanım:

— Bizim çocuklarımız pek şımarma imkânı bulamadı. Bırakın her istediklerini, çocuklarımızın en gerekli ihtiyaçlarını bile karşılamada zorlanıyoruz. Onun için biz çocuklarımıza fazladan bir şey veremedik ki, onlar almadan edemesin...

Orhan Bey:

— Bazen kendi kendime çocuklara kızmayacağım, onları dövmeyeceğim dediğim zamanlar da oldu. Ama bir türlü yapamadım işte.

"Bana kesin ve kararlı davranmaktan çekinmeyin. Doğru yoldan saptığımı görünce beni uyarın. Koyduğunuz kural ve yasakların hepsini beğendiğimi söyleyemem. Ancak hiç kısıtlanmayınca ne yapacağımı şaşırıyorum."

Orhan Bey:

— Çocuklarımız sapmasın diye biraz kısıtlayalım derken onları esir etmişiz, bunaltmışız. Vallahi, neredeyse soluk aldırmamışız. Meğer ne büyük yanlış yapmışız. Acaba, bu iş bundan sonra kolay olur mu?

— Elbette olur. Siz çocuklarınızla şimdiye kadar hiç konuşmadığınızdan dolayı endişeleniyorsunuz. Onlarla konuştuğunuzda yanıldığınızı göreceksiniz.

— Keşke Hocam, keşke…

"Öğütlerinizden çok, davranışlarınızdan etkilendiğimi unutmayın. Beni eğitirken ara sıra hata yapabilirsiniz. Bilin ki bunları çok çabuk unuturum. Ancak birbirinize saygı ve sevginizin azaldığını görmek beni yaralar ve sürekli tedirgin eder."

Ökkeş Bey:

— Ben bugüne kadar pek de olumlu davranış göstermemişim. Bunu daha yeni fark ediyorum. Siz o mektubu okudukça geçmişe dönüp kendimi ve yaptıklarımı düşündüm.

Biz çocuklarımızı hiçbir yerden ve hiç kimseden bir şey öğrenmeksizin tek başımıza büyütmeye çalışmışız. Büyüklerimizden ne görmüşsek aynısını çocuklarımıza uygulayıp devamlı öğüt verip durmuşuz onlara. Kendimiz sigara içerken onlara içmeyin, yine kendimiz okeyin, tavlanın başından kalkmazken onlara çocuk oyunlarını oynamayı bile yasaklamışız. Velhasıl-ıkelam söylediklerimizle yaptıklarımız birbirini asla tutmamış.

Selma Hanım:

— Mektupta diyor ki: "Beni eğitirken ara sıra hatalar yapabilirsiniz. Bilin ki bunları çabuk unuturum." Şimdi, dönüp kendimize baktığımda bizim bugüne kadar ısrarla ve sürekli yanlış yaptığımızı görüyorum. Peki, bu saatten sonra bunları çocuklarımıza unutturabilir miyiz Hocam?

— Evet, Selma Hanım. Bizler el ele verip bunun için gayret gösterdik mi tamamdır bu iş inşallah. Yalnız çocuklar, anne-baba arasındaki şiddetli tartışmaları, birbirlerine karşı sevgisizlikten kaynaklanan olumsuz havayı ve bunların sonucunda ortaya çıkıp tasvip edilmeyecek tutum ve davranışları hemen hafızalarına kazırlar. Üstelik bunları kolay kolay da unutmazlar. Zira bunlar çocukların ruhunda ve bilinçaltında derin izler bırakır. Bu tip davranışlardan gerekir ki amacımıza ulaşalım...

"Çok konuşup çok bağırmayın. Çünkü yüksek sesle söylenenleri pek duymam. "Ben senin yaşında iken..." diye başlayan söylevleri hep kulak ardına atarım..."

Bu bölümde sözü ilk olarak ben aldım:

— İnsan ilişkilerinde ses tonunun çok büyük önemi vardır. Hiçbirimiz şahsımıza yönelik bağırılarak konuşulmasından, bizden azarlar gibi bir şeyler istenilmesinden hoşlanmayız. Hele de küçük çocuklar kendilerine bağırılmasından çok korkarlar. Oysa birbirini seven insanlar çok yavaş, adeta fısıltı halinde konuştukları zamanlarda bile birbirlerini çok iyi anlar. Ama öğretmenler öğrencileri, anne-babalar çocuklarıyla bağıra bağıra konuştukları zaman asla anlaşamazlar.

Ayten Hanım:

— Bir de "Biz çocukken böyle miydik? Oldukça terbiyeliydik. Büyüklerin sözünden çıkmaz, hele öğretmenlerimizin karşısında doğru dürüst konuşamazdık bile. Şimdiki nesil mi bozuk yoksa bize mi öyle geliyor?" deniliyor. Peki, bu konuda ne düşünüyorsunuz Hocam?

— Hayır, Ayten Hanım. Nesil bozulmuyor, aksine bence daha da iyiye gidiyor. İnsanlar hangi yaşta olurlarsa olsunlar içinde bulundukları yaşın gereğini yaparken bunu normal görürler. Ancak bir süre sonra önceden yaptıklarınızın saçma, yersiz veya komik olduğunu fark edebilirsiniz. Mesela siz küçükken yaptıklarınızı çocuk gözüyle çok normal görüyordunuz. Aradan geçen zamanla birlikte büyüdünüz, olgunlaştınız. Şimdi zamane çocukların davranışlarını doğru bulmayıp normal görmüyor sonra da onlara bir şey anlatmaya çalışırken "Biz sizin yaşınızdayken..." diye başlıyorsunuz cümleye. Çocuklar da kendilerini olgun gözüyle değil, çocuk gözüyle değerlendirdikleri için büyükleri anlamıyor ve onların sözlerini sırf bu nedenle dinlemek bile istemiyor. İşte, ben bu yüzden şu konunun üzerinde çok duruyorum: Çocuklarımızı daha iyi anlamak için onlarla onların diliyle konuşmamız, kendimizi onların yerine koyup olayları onların gözüyle değerlendirmemiz gerekiyor. Buna dikkat etmeden yapacağımız konuşmalar çocuklarımız tarafından dinlenilmeyecek, yeteri ve gereği gibi değerlendirilmeyecektir...

BİR KÖYLÜ, TAVUĞUNU KULUÇKAYA YATIRMIŞ. TAVUĞUN ALTINA KOYDUĞU YUMURTALARININ ARASINA ÜÇ TANE DE ÖRDEK YUMURTASI KOYMUŞ. TAVUK BUNUN HİÇ FARKINDA DEĞİLMİŞ. GÜNÜ GELDİĞİNDE CİVCİVLER ÇIKMIŞ. TAVUK CİVCİVLERİNİN ARASINDA ÜÇ TANE DE ÖRDEK YAVRUSU OLDUĞUNDAN HABERSİZ ONLARI KOLLAR, DIŞARIDAN GELEBİLECEK TEHLİKELERE KARŞI KORURMUŞ.

ÇOK YANLIŞ YAPMIŞIZ HOCAM, ÇOK!

"Küçük yanılgılarımı büyük suçmuş gibi başıma kakmayın; bana biraz da yanılma payı bırakın. Beni korkutup sindirerek, suçluluk duygusu aşılayarak uslandırmaya çalışmayın. Yaramazlıklarımdan ötürü beni kötü çocukmuşum gibi yargılamayın."

Orhan Bey:

— İnsan deneyerek öğreniyor. Deneme yapanın da hata yapması çok doğaldır. En ufak bir hatada bile çocuğun suratına tokadı patlattığımız günler oldu. Şimdi bu yaşa geldik ve yaptıklarımızın çoğunun hata olduğunu daha yeni yeni fark ediyoruz. En ufak bir hata suç sayılıyorsa bizim ömür boyu hapis yatmamız gerekiyor. Çok yanlış yapmışız Hocam, çok!

— Evet Orhan Bey, elbette hata yapıyoruz, yapacağız da. Önemli olan bunları fark ettiğimiz an terk etmek değil midir? O yüzden canınızı sıkıp üzülmeyin.

Korku ve baskıyla çocukların hatalarını, yok edemeyiz. Ancak sadece geçici olarak ertelenmesine neden oluruz. Günü gelince yani baskı ortadan kalkınca söz konusu olan duygu, düşünce ve istekler yeniden ortaya çıkıverir. Biz de o zaman ne yapacağımızı şaşırıp kalırız. Kötü olan, yanlış olan çocuklar değil onların davranışlarıdır. Yaptığı bir hatadan dolayı çocuğu suçlamak yerine, onun hatasını görüp birlikte düzeltmemiz gerekir.

Selma Hanım:

— Bir de çocukları korkutma var. Mahallede bazı komşular çocuğu bir hata yaptığında şöyle diyerek korkutup sindiriyor: "Sen akşama görürsün, seni babana dövdürmezsem gözlerim kör olsun!" veya "Seni abine söyleyeyim de kemiklerini kırıncaya kadar dövsün!" Sonuçta ne oluyor; abilerinden, ablalarından, babalarından korkan, kendilerini her zaman suçlu hissedip hep tedirgin olan ve bir türlü rahat yüzü görmeyen, sindirilerek baskı altına alınmış, ürkek çocuklar çıkıyor ortaya değil mi Hocam?

— Evet, kesinlikle haklısınız. Biz, çocuklarımızı çok iyi yetiştirdiğimizi zannederken, onları hiç tasvip etmediğimiz hareketler yaptığını gördüğümüzde şaşırıyoruz. Bakın buna örnek olabilecek ilginç bir hikâye anlatayım. Bu hikâyeyi, ben lisedeyken Mustafa Ağırman adlı çok sevdiğim ve kendisini hiç unutmadığım, öğretmenliğimde de örnek aldığım bir hocam anlatmıştı:

"Bir köylü, tavuğunu kuluçkaya yatırmış. Tavuğun altına koyduğu yumurtalarının arasına üç tane de ördek yumurtası koymuş. Tavuk bunun hiç farkında değilmiş. Günü geldiğinde civcivler çıkmış. Tavuk civcivlerinin arasında üç tane de ördek yavrusu olduğundan habersiz onları kollar, dışarıdan gelebilecek tehlikelere karşı korurmuş.

Bir gün tavuk yavrularıyla beraber gezmeye çıkmış. Yolda bir su birikintisine rastlamışlar. Yavru ördekler diğer civcivlerden ayrılarak 'Hooop!'diye, suya atlayıp yüzmeye başlamış. Bunu gören tavuk, yavrularının boğulacağını zannedip feryat etmiş. Bir süre sonra yavrularının hiç de boğulma tehlikesi olmadığını, onların çok rahat ve neşeli bir şekilde yüzdüğünü görünce çok şaşırmış. 'Hayret doğrusu, bunları diğer kardeşlerinden hiç ayırmadım. Onlara ne farklı bir eğitim vermedim ne de dışarıdan yabancılarla görüştürdüm. Nasıl oluyor da bu üçü, bizim onlara hiç öğretmediğimiz hatta hiç bilmediğimiz yüzmeyi biliyor?'diye düşünmüş."

Şimdi size soruyorum, bu olaydan kendi çocuklarımız için çıkarabileceğimiz dersler var mı?

Önce bir sessizlik oldu. Sessizliği Ökkeş Bey bozdu:

— Bu yazıyı okumadan önce ördek yavrularına itaatsiz, aile düzenini bozan saygısızlar diyebilirdik değil mi?

Ayten Hanım:

— Neden saygısız olsunlar ki?

Ökkeş Bey:

— Diğer kardeşlerinden farklı davranıyor, annelerinin öğretmediği hareketleri yapıp disiplini bozuyorlar diye.

Orhan Bey:

— Evet, Ökkeş. Bugüne kadar ben de böyle düşünüyordum, ama şimdi değil. Bir kere ördekler suda yaşamayı ve yüzmeyi daha çok sever. Onların suya girmesini ve yüzmesini önlemek onlara haksızlık olurken aynı şekilde yüzme bilmeyen ve sevmeyen civcivleri de suya atmak, yüzmek zorunda bırakmak onlara haksızlık olur hiç tartışmasız. Tüm yavrular neden aynı davranışları göstermek zorunda kalsınlar ki?

— Tebrikler Orhan Bey, harika bir tespit bu. Şimdi bunu çocuklarımıza uyarlayarak düşünelim. Kimi okula gidip okumayı çok sever, kimi futbolcu olmayı ister, kimi artist resimleri veya futbolcu posterleri biriktirir… Kimi bilye oynamayı, kimi sürekli roman, hikâye veya şiir okumayı sever, kimi de bir ustanın yanında çırak olup sanat öğrenmeyi…

— İşte anne-baba çocuklarını tanımadan, onların ilgi ve yeteneklerinin hangi alanda olduğunu bilmeden, hiç beklemediği ve onlara öğretmediği davranışları yaptığını gördüğünde şaşırıp kalacaktır. Bu duruma düşmemek için hem çocuklarımızla hem öğretmenlerle görüşüp onları kendi ilgileri ve yetenekleri doğrultusunda yetiştirmenin yollarını arayıp bulmalıyız.

Orhan Bey gülerek,

— Şu andan itibaren antrenörlükten istifa ediyorum, dedi.

Ve ardında Ökkeş Bey'in cevabı ise hepimizi güldürdü:

— Ben de teknik direktörlükten vazgeçiyorum…

BEN DE ÇOCUKLARA
İYİLİK OLSUN DİYE ÇOK
KARŞILAŞTIRMA YAPTIM
HOCAM. BAŞKA ÇOCUKLARIN
OLUMSUZ YANLARINI
DÜŞÜNMEDEN SADECE İYİ
YÖNLERİNİ ÇOCUKLARIMIZIN
GÖZÜNE SOKMAK İSTEDİM.
BİZİMKİLERİN DE OLUMLU
TARAFLARININ OLACAĞINI
DÜŞÜNMEDEN OLUMSUZ
YÖNLERİNİ HEP BAŞLARINA
KAKIP DURDUM.

ÇOCUĞUMA İYİLİK OLSUN DİYE ONU BAŞKALARIYLA KIYASLADIM

"Beni dinleyin. Öğrenmeye en yatkın olduğum anlar, soru sorduğum anlardır. Açıklamalarınız kısa ve özlü olsun. Başarabileceğim şeyleri yapmamı bekleyin, beni yeteneklerimin üstünde işleri yapmaya zorlamayın. Bana güvendiğinizi belli edin, beni destekleyin, hiç değilse çabamı övün. Beni başkalarıyla karşılaştırmayın yoksa umutsuzluğa kapılırım."

— Çocuklar, anne-babalarının kendilerini dinlemeleri için adeta yalvarır. Birçok anne-baba "Maşallah bizim çocuklar çok zeki, çok ilginç şeyler söylüyorlar." diye övünür. Ama çocuklar bir süre sonra cevabını merak ettikleri sorularını anne-babalarına yönettikleri zaman bu hiç de onların hoşuna gitmez. Annelerine sorduklarında "Git oğlum, şimdi işim var. Görmüyor musun bulaşıkları yıkıyorum, Hadi git de sen bunu babana sor…" deyip baştan savıyor. Babalarına gittiklerinde, "Görmüyor musun gazete okuyorum" veya "Haberlerin en önemli yerinde de bu soru sorulur mu?" ya da "Bu akşam maç var, evde çıt istemiyorum" gibi yaklaşımlarla önünü keser. Şimdi bu çocuklar merak ettiklerini nereden öğrenecek? Çocuklar da bundan sıkılıp dinlemeyince sonuçta anlaşmazlıklar çıkmaya başlar.

— Bizler çocuklarımızın başarabileceği işleri değil başarılmasını istediğimiz ya da kendimizin başarmak isteyip de başaramadığımız şeyleri onlardan bekliyoruz aslında. Onları güçlerinin üstündeki işleri yapmaya zorluyor, başaramayınca da zorbalaşıyoruz. Onların başarabileceği işlerin neler olduğunu bilmiyoruz bile. Lütfen bu konuları yeniden düşünelim. Bir de anne-baba ve biz öğretmenler kendilerine güvendiğimizi hiç belli etmiyoruz. Kim bilir belki de kendimize güvenemiyoruz?

Artık geçmişe bir sünger çekmenin zamanı geldi. Ne yaparsak yapalım geriye dönmemiz imkânsız; fakat gelecek ve gelecekte yapacaklarımız bizim elimizde. Geçmişe yanmaktansa bugünlerimizi dolu dolu yaşamaya çalışsak geleceğimiz için de iyi olur diye düşünmekteyim.

Ayten Hanım:

— Bir şey soracağım Hocam. Mahallede komşularımızın başarılı ve çalışkan olan çocuklarını bizimkilere örnek göstermek iyi mi, bu kıyaslamanın bir faydası var mı?

— Bugüne kadar kıyaslama yaptınız mı Ayten Hanım?

— Evet.

— Peki, çocuklarınızı neden başkalarıyla kıyasladınız?

— Onlara iyilik olsun ve bizimkiler de onlar gibi olsun diye.

— Ama sizinkiler yine de onlar gibi olmadılar değil mi?

— Evet, olmadılar, hatta daha da kötü oldular.

— Peki, Ayten Hanım. Çocuklar sizi başkalarının anneleriyle karşılaştırsaydı bu hoşunuza gider miydi?

— Gitmezdi elbette.

— Çocuklarınız sizi karşılaştırdılar mı, başkalarını size örnek gösterdiler mi?

— Evet, gösterdiler.

— Ne dediler?

— Bir komşumuz var. Onun çok anlayışlı olup çocuklarına iyi davrandığını, bizimse anlayışsız olup ve kendilerini kötü davrandığımızı söylediler.

— O anda ne hissettiniz?

— Bana örnek gösterilen kadına karşı içimde bir öfke oluştu. Eğer o an yanımızda olsaydı ona çatar demediğimi bırakmazdım. Tabii bundan ötürü çocuklara da çok kızdım, bağırıp çağırdım. "Her insan bir olur mu? Siz de onların çocukları gibi başarılı ve terbiyeli olsanız biz de size karşı anlayışlı oluruz." dedim.

— Çocuklarınız ne dedi?

— Ne diyecekler? Korkularından suspus olup hiçbir şey diyemediler.

— Suskunluklarıyla belki de "Her çocuk da bir olmaz anne, bunu neden düşünmüyorsunuz? Siz de bize karşı anlayışlı olsanız biz de terbiyeli ve çalışkan oluruz" demek istediler ve siz o kızgınlıkla bunu anlamadınız. Ne dersiniz?

— Haklısınız Hocam. O zaman ne yazık ki anlamamışım...

Orhan Bey:

— Ben de çocuklara iyilik olsun diye çok karşılaştırma yaptım Hocam. Başka çocukların olumsuz yanlarını düşünmeden sadece iyi yönlerini çocuklarımızın gözüne sokmak istedim. Bizimkilerin de olumlu taraflarının olacağını düşünmeden olumsuz yönlerini hep başlarına kakıp durdum.

BUGÜNE KADAR KENDİMİZİ ÇOCUKLARIMIZA HEP YANILMAZ VE ERİŞİLMEZ BİR KİŞİ OLARAK GÖSTERMEYE ÇALIŞTIK. DEMEK ÇOCUKLAR HATALARIMIZI GÖRÜYORMUŞ, BİLİYORMUŞ DA HABERİMİZ YOKMUŞ.

SAVAŞ BALTALARI GÖMÜLDÜ

Pulsuz Dilekçe'yi okudukça karşımdaki insanların burada yazılanları anlayıp kendi ailelerine uygulamaları, bugüne dek sürdürdükleri davranışları değerlendirip hatalı olanları üzerine cesaretle gitmeleri, yanlışlıklarını kabul etmeleri beni çok mutlu etti. Bir de diyorlardı ki; "Ağaç yaşken eğilir!" Demek ki insan ağaç değilmiş veya bu atasözü insanlar için söylenmiş değil. Aklını kullanıp olayları doğru değerlendiren insanlar, hangi yaşta olurlarsa olsunlar değişebiliyormuş.

Anne-babaların çocuklarına karşı bu denli olumlu düşünceler geliştirmeleri ve onlara karşı yaptıklarının hatalı olduğunu anlamaları, kendilerini çocuklarının yerine koyup olayları onların gözüyle değerlendirmelerinden kaynaklanıyordu. Eğer ben yargılayıcı cümlelerle konuşsaydım ya da çocukları karşılarında olup onları eleştirselerdi, tartışma ortamı doğacak ve herkes gerçeklere ulaşmak yerine kendini savunup haklılığını ortaya koymak için mücadele edecekti. Deyim yerindeyse kılıçlar çekilip saldırıya geçilecek ve aradaki düşmanlık daha da artacaktı. Ancak anne-babalarının tek taraflı da olsa savaş baltalarını gömmeleri, kılıçlarını kınlarına sokmaları, sorunu çözmeyi çok büyük ölçüde kolaylaştırmıştı. Bakalım çocukların cephesinde neler olacaktı? Bunu şimdiden merak etmeye başlamıştım.

"Benden yaşımın üstünde olgunluk beklemeyin. Bütün kuralları birden öğretmeye kalkmayın, biraz süre tanıyın. Dürüst davranmadığımı görünce ürkmeyin. Beni köşeye sıkıştırmayın yoksa yalana sığınmak zorunda kalırım. Sizi çok bunaltsam bile soğukkanlılığınızı yitirmeyin. Kızgınlığınızı haklı görebilirim ama beni aşağılamayın. Hele başkalarının yanında gururumu kırmayın. Unutmayın ki ben de başkalarının yanında sizi küçük düşürebilirim."

Ökkeş Bey:

— Olgunluk dediniz de Hocam, galiba biz evlatlarımızı çocuk olarak değil de olgun bir insan olarak görmek istedik.

— Haklısınız. Biz büyükler çocuklara hep olgun gözüyle bakıyoruz. Bizler temizlik kurallarına, görgü kurallarına, trafik kurallarına uymazken, çocukların bizim koyduğumuz kurallara harfiyen uymalarını bekliyoruz. Uymayınca da onları cezalandırıyoruz.

Selma Hanım:

— İşimize geldiğinde, bir hatasını gördüğümüzde "Kocaman, eşek kadar oldun ama daha adam olamadın!" deyip suçladık. Büyük adam gibi iş yapmaya veya konuşmaya kalktıklarında da "Sen sus! Otur oturduğun yerde. Bacak kadar boyunla her işe karışma, burnunu her şeye sokma!" dedik. Deyim yerindeyse onları iki arada bir derede bıraktık. Haliyle de kendilerini ne büyük bildiler, ne de küçük.

— Haklısınız, Selma Hanım. Bu durum çocuklarda kişilik oluşumunu çok olumsuz etkiliyor. Onlara kendilerini rahatça anlatabilecekleri, duygu ve düşüncelerini özgürce ortaya koyabilecekleri bir ortam yaratmadığımızdan kaynaklanıyor. Çocuklar ne zaman küçük (bacak kadar) ne zaman büyük (eşek kadar) suçlamalarıyla karşılaşacaklarını bilemedikleri için doğru bildiklerini yapmaktan da vazgeçiyor. Bu da onların çekingen ve ürkek olmalarına neden oluyor. Bazen de ya yalancı oluyor ya da ikiyüzlü davranıyorlar. Bu yüzden çocuklarımızı sıkıştırmamalıyız.

— Şunu da eklemekte fayda var: Çocukların hiç tahammül edemedikleri bir olay da başkalarının yanında onları aşağılayıp küçük düşürmek, onurlarını kırmaktır.

— Evet Hocam, söyledikleriniz doğru. Ben bu hatayı yaptığımı şimdi daha iyi anlıyorum. Bir keresinde bize Gökmen isimli bir çocuk geldi. Serkan'ın yaşındaydı. Dersleri de oldukça iyiydi. Ben Serkan'ı çalışmaya teşvik etmek düşüncesiyle "Bak şu arkadaşının yanında ondan ve kendinden utanmalısın. Senin de onun gibi akıllı bir çocuk olduğunu, teşekkür aldığını görebilecek miyim geri zekâlı, aptal!" dedim. O anda bana olan kin ve nefret dolu bakışı az önce siz konuşurken gözlerimin önünde yeniden canlandı sanki. O günden sonra da evde Serkan'ın yüzü bir daha gülmedi.

Birden kafamda şimşekler çaktı. Okulda dut ağacının altında otururken Serkan'ın babasına karşı düşmanlık duygusuyla dopdolu olduğunu fark etmiş ve bunun nedenini anlayamamıştım. Demek ki onu babasına karşı bu derece düşmanlığa iten olay buydu.

— Biz yetişkinler de öyle değil miyiz Orhan Bey? Hangimiz bir toplumda eşimiz tarafından aşağılanmayı kabullenebilir söyler misiniz? Ya da bizi aşağılayan birine, acaba bir daha olumlu düşünceyle bakabilir miyiz?

Ben bu soruyu sorunca Ayten Hanım çok anlamlı bir şekilde Ökkeş Bey'e baktı. Ökkeş Bey hiçbir şey söylemeden başını önüne eğdi ve dalıp gitti...

"Bana haksızlık ettiğinizi anlayınca itiraf etmekten çekinmeyin. Özür dileyişiniz size olan sevgimi azaltmaz. Tersine beni, size daha çok yaklaştırır."

Daha ben paragrafı bitirmeden Orhan Bey müdahale etti:

— Hocam, bu bölümü bir kere daha okur musunuz?

Ben kelimeleri vurgulaya vurgulaya bir kere daha okudum. Orhan Bey'in yüzünü bir tebessüm kapladı. Ben paragrafın kalan cümlelerini de okudum.

Orhan Bey:

— Herhalde yazının en önemli yeri burası.

— Neden?

— Çünkü okulda sizinle konuştuktan sonra kafama takılan bir sorunun cevabını burada buldum. İşte, bunun için bu bölüm çok önemli.

— Peki, kafanıza takılan sorunuz neydi Orhan Bey?

— Hatırlarsanız ben okula gelip Serkan'ın dokuz zayıfı olduğunu öğrendiğimde epeyce sinirlenmiştim. Eğer o sinirle eve gitseydim, herhalde evde büyük bir facia yaşanırdı. Sonra sizinle oturup konuşunca sakinleşmiştim. Anlattıklarınız da beni biraz düşündürmüştü. Eve gidip Serkan'ı uzaktan izlediğimde hata ettiğimin farkına varmıştım. Ona söylemeyi de gururuma yediremezdim, bu hiç alışılmadık bir şey olur ve gözündeki tüm otoritem yok olurdu.

İşte, benim sorum bu Hocam: Acaba hatamı ona söylesem mi yoksa söylemesem mi? Eğer söylersem otoritem yok olur mu, ben onun gözünde zayıf bir baba konumuna düşer miyim? Söylemezsem aramızdaki düşmanlık nasıl bitecek, Serkan benim pişman olduğumu nereden bilecek?Bunları uzun süredir düşünüyor ancak bir çözüm bulamıyordum. Şimdi burada özür dilemenin, hatayı anlayınca onu çocuğa anlatmanın sevgiyi azaltmayacağını, tam tersine çocuğu babasına daha da yaklaştıracağı yazıyor. Demek, söylemek doğruymuş. Şimdi sıra geliyor, söyleme cesaretini bulmaya. Ne diyorsunuz Hocam, başarabilir miyim?

Ökkeş Bey:

— Bugüne kadar kendimizi çocuklarımıza hep yanılmaz ve erişilmez bir kişi olarak göstermeye çalıştık. Demek çocuklar hatalarımızı görüyormuş, biliyormuş da haberimiz yokmuş. Az önce onlardan özür dilesek değerimiz düşer diye düşünüyordum ama şimdi bu düşünceden vazgeçtim. Evet, Orhan. Çocuklar cin gibiymiş de bizim bundan haberimiz yokmuş. Onun için ben diyorum ki, hatalarımızı çocuklarımızla konuşmalıyız.

— Size bir şey soracağım, diye araya girdim.

— Buyurun Hocam sorun.

— Siz akşamları ailece ziyarete gittiğinizde, Cem'le Serkan'ı bir araya getirip ikisine birlikte kızdığınız oldu mu?

Ayten Hanım:

— Evet, oldu hem de birçok defa. Çocuklarımızı daha çok çalıştırmak için onlara kızma, hakaret edip suçlama yarışına girerdik adeta.

— Bundan sonraki ilk buluşmada çocukları yine yan yana getirip onlarla konuşup özür dileseniz, artık gelecek günlerin daha iyi olacağını söyleseniz yani deyim yerindeyse bir barış süreci başlatıp ve mutlu bir ortam oluştursanız nasıl olur?

Bu sorum üzerine herkes sustu. Orhan Bey elindeki kibrit çöpünü dudaklarının arasına almış düşünüyordu. Sessizliği yine o bozdu:

— Hocam bence, biz kendi çocuklarımızla önce ayrı ayrı konuşalım, sonra hep bir araya geldiğimizde birlikte konuşuruz. Daha bizimkilerle konuşma cesaretini tam olarak toplayamamışken bir de başkalarının yanında konuşmayı denemek biraz zor olur diye düşünüyorum.

Ayten Hanım, Orhan Bey'i destekledi:

— Evet Hocam, ben de çocuklarımızla ayrı ayrı konuşalım diyorum. Böyle bir konuşmayı ilk defa deneyeceğiz. Onları çağırdığımızda belki de yine döveceğimizi zannedecekler. Ne olacağını bilmediğimiz için herkes kendi evinde konuşsun.

ÇOCUKLARIMIZ BİZDEN
KUSURSUZ OLMAMIZI
BEKLEMEYEBİLİR AMA BİZ
ONLARIN EN UFAK BİR
KUSURUNU GÖRDÜĞÜMÜZ
ZAMAN KIYAMETİ
KOPARIYORUZ.

PROBLEM SEVGİSİZLİK DEĞİL; İLETİŞİMSİZLİK

"Biliyorum, ara sıra sizi üzüyor belki de düş kırıklığına uğratıyorum. Bana verdiklerinize kıyasla benden istediklerinizin çok olmadığını da biliyorum. Yukarıda sıraladığım istekler size çok geldiyse birçoğundan vazgeçebilirim; yeter ki beni, ben olarak seveceğinize olan inancım hiçbir zaman sarsılmasın."

Ökkeş Bey:

—Çocuklarımızın başarısızlığına her zaman üzüldük, başka çocuklarının başarılı olduğunu gördükçe de onları kıskandık. Keratalar bizim üzüldüğümüzü bile bile yine de üzmeye devam ediyorlarmış demek ki.

Orhan Bey:

— Çalışmalarını istememizin çok olmadığını da biliyorlarmış demek ki. Buna rağmen başarısız oluyorlardı.

Selma Hanım:

— Çocuklar bizden çok şey istemiyor. İsteklerinin birçoğundan da vazgeçebiliyorlar üstelik. Kendilerini herhangi bir özellikleriyle değil, çocuğumuz olarak sevmemizi istiyorlar sadece.

Ayten Hanım:

— Demek ki bize olan inançları sarsılmış Hocam. Biz farkında olmadan onları değil, başarılarını sevmeye kalkışmışız. Ne büyük bir hata etmişiz?

— Bakın, hiçbiriniz kendinizi daha fazla üzmeyin lütfen. Şurası inkâr edilemeyecek açık bir gerçek ki sizler çocuklarınızı çok seviyorsunuz. Biliyor musunuz, çocuklarınız da sizleri çok seviyor. Problem sevgisizlik değil, problem iletişimsizlik. Daha önceki konuşmalarımızda bahsettiğimiz gibi sizin sevginizi anlatmanızla çocuklarınızın bundan anladıkları arasında fark var. Siz istediğiniz ve sevdiğiniz davranışlarla sevginizi sunarken, çocuklar istedikleri ve arzuladıkları bir sevgi beklentisi içinde olurlar. İşte, bu da sevgi yokmuş gibi bir sonuç doğurur. Örneğin, çocuklar "Beni, ben olarak sevin." diyor. Zira bizim kendilerini değil de başarılarını sevdiğimizi zannediyorlar.

Çocuklarımıza en başta şunu söylemeliydik:

"Bakın siz bizim evladımız, canımızsınız. Ailemizin gülleri, bahçemizin sevgi çiçeklerisiniz. Biz sizi seviyoruz, başarınızı değil. Unutmayın başarılı olmasanız da biz sizi seveceğiz, bağrımıza basacağız. Başarılı olmanızı kendimiz için değil, sizin gelecekte rahat ve mutlu olmanız, sağlam bir kişilik kazanmanız için istiyoruz."

Bu sözlerimiz çocuklara güven verir, onların kendilerini evde huzur içinde hissetmelerini sağlar.

"Benden 'Örnek Çocuk' olmamı istemezseniz ben de sizden kusursuz ana-baba olmanızı beklemem. Sevecen ve anlayışlı olmanız bana yeter."

Ayten Hanım:

— Çocuklarımız bizden kusursuz olmamızı beklemeyebilir ama biz onların en ufak bir kusurunu gördüğümüz zaman kıyameti koparıyoruz.

Onlar bize örnek bir ana-baba gösterdiklerinde bu çok zorumuza gidiyor. Ancak biz hem onlara sürekli başka örnek çocuklar gösteriyoruz hem de onların örnek çocuk olmalarını bekliyoruz.

— Hâlbuki çocuklar sadece sevecenlik ve biraz anlayış bekliyor, başka bir şey değil.

Orhan Bey:

— Bugüne kadar antrenörlüğümü nasıl ciddi bir disiplin anlayışı içinde yapmışsam bundan sonra da bu tutumumu terk edip çocuklarımın istediği gibi bir baba olmaya aynı biçimde gayret edeceğim. Şu anda içim coşku ve tatlı bir heyecanla dopdolu Hocam.

Sıra gelmişti son bölümü okumaya. Sesimin en masum ve konunun içeriğine uygun çocuksu tonuyla okuyacaklarımın karşımdakilerin ruhlarına yerleşmesi için yumuşak bir şekilde yazıyı bitirdim:

"Sizin çocuğunuz olarak doğmak elimde değildi. Ama seçme hakkım olsaydı sizden başka kimsenin çocuğu olmak istemezdim."

En son cümleyi, üstüne basa basa yeniden okudum:

"Ama seçme hakkım olsaydı sizden başka kimsenin çocuğu olmak istemezdim."

Sevgilerimle

Çocuğunuz

Son cümleyi okurken karşımdakiler duygulanmıştı. Selma Hanım'la, Ayten Hanım gizlice gözyaşlarını sildiler. Hepimizde derin bir sessizlik vardı. Bu güzel atmosferi hiç kimse bozmaya cesaret edemedi...

BİZİ ÇOCUKLARIMIZLA
YENİDEN TANIŞTIRIYORSUNUZ
HOCAM. AYNI EVDE
BİRBİRİMİZE YABANCI HATTA
BİRBİRİMİZE DÜŞMAN GİBİ
YAŞAMIŞIZ BUGÜNE KADAR.
YAPACAĞIM İLK İŞ ONLARLA
İYİ BİR İLETİŞİM KURMAYA
ÇALIŞMAK.

BİZİ ÇOCUKLARIMIZLA YENİDEN TANIŞTIRDINIZ

Yıllardır çocuklarına iyilik yapmak için uğraşan ama iyilik yapayım derken farkında olmadan kötülük yapan, onların başarısızlığına neden olup sonra da yaptıklarının yanlış olduğunu anlayınca pişmanlığa gömülen bu insanlar acaba şu anda neler hissediyorlardı? Bunu merak ediyordum.

— Eveeeet, şimdi neler düşünüyorsunuz, diye sordum.

Orhan Bey:

— Her şeye rağmen, tüm olumsuzluklarımıza ve yanlışlıklarımıza rağmen çocuklarımız bizden başkasının çocuğu olmak istemiyor. Böyle yüce bir duygu, böyle muhteşem bir anlayış ve böyle ince bir düşünce karşısında pişmanlık duyulmaz da ne yapılır Hocam?

Ayten Hanım:

— Kendimi bir kuş gibi hafif hissediyorum. Size çok teşekkür ediyorum Hocam. Şu andan tezi yok, çocuklarıma gerçek bir anne olmaya çalışacağım. İçimdeki sevgiyi çocuklarımın anlayacağı şekilde onlara vereceğim.

Selma Hanım:

— Bizi çocuklarımızla yeniden tanıştırıyorsunuz Hocam. Aynı evde birbirimize yabancı hatta birbirimize düşman gibi yaşamışız bugüne kadar. Yapacağım ilk iş onlarla iyi bir iletişim kurmaya çalışmak. Bunu sağladıktan sonra gerisi zaten çok kolay.

Ökkeş Bey:

— Hayatımda ilk defa çocuklarımla ilgili böyle güzel bir konuşmaya katılıyorum. Bugünden itibaren çocuklarımı gerçekten anlamak istiyorum. Hem onlar için varımızı yoğumuzu ortaya koyalım hem de onlara en büyük zararı biz verelim! Hayır, hayır ne kadar zor olsa da değişmeliyiz diye düşünüyorum. Sağ olun Hocam.

Bu dört insanın yüzünde bir umut vardı artık. İçten davranışları, anlayış dolu konuşmaları beni çok etkiledi. Onların çocukları adına seviniyordum.

— Bana değil, Sayın Atalay Yörükoğlu'na teşekkür etmelisiniz. Çünkü ben onun yazdıklarını okudum, siz de onu kendi ailelerinize göre yorumladınız. Ben de sizlerle birlikte Atalay Yörükoğlu'na teşekkür ediyorum. Eğer bir gün kendisiyle karşılaşırsam sizinle yaptığımız bu sohbeti kendisine anlatacağım. Eminim, o da bizlere yararlı olmanın mutluluğunu yaşayacaktır.

Orhan Bey:

— İnşallah bundan sonra bizlerden iyi haberler alacaksınız. Biz de sizden çocuklarımızın başarı haberlerini bekleyeceğiz.

Cem ve Serkan'ın anne-babalarındaki bu değişikliği nasıl karşılayacaklarını merak ediyordum. Fakat beni düşündüren bir konu daha vardı. Daha önce görüştüğüm bazı öğrenciler, anne-babalarının başkalarının yanında kendilerine çok iyi davrandıklarını, onların yanında kibarlaşıp anlayışlı bir tavır takındıklarını, ancak onlar gittikten sonra hayatlarındaki olumsuz gidişe yine devam ettiklerini söylüyordu. Yani anne-babalar çocuklarına karşı hiç de anlayışlı olmadıkları halde başkalarının gözünde iyi görünme yanlışına düşüyordu.

Acaba bu iki aile de böyle bir tutum takınmış olabilir miydi? Eğer böyle olursa bu benim için bir yıkım demekti. Bundan sonra görüşeceğim ailelerin sözlerine güvenemeyecek, onların dediklerine inanamayacaktım; kendimi her zaman aldatılmış ve aptal yerine konulmuş hissedecektim. Her ne kadar aklıma bu şüpheli sorular gelse de duygularım bu insanların çok candan olduklarını ve böyle bir şey yapmalarının beklenemeyeceğini söylüyordu.Kendilerini biraz daha yüreklendirmek, içlerindeki sevgi ateşini biraz daha canlandırmak için son sözlerimi söyledim:

— Her şeyden önce, yaşamınızda böyle olumlu bir değişikliğe karar verdiğiniz için sizleri kutluyor ve bu güzel hareketinizi alkışlıyorum. Biliyorum, şimdi düşündüklerinizi uygulamaya geçirmek pek de kolay olmayacak. Ancak bunu başaracağınıza olan inancım sonsuz. İlk adımı, evet ilk adımı sizin atmanızı ve çocuklara önce sizin kucağınızı açmanızı bekliyorum. Çocukların yüzlerinde gülücükle size "Anneciğim, Babacığım!" diye seslendikleri bir ev ortamından daha harika bir şey olabilir mi?

Sohbetimizden sonra Selma Hanım'la Ayten Hanım'ın hazırlayıp Ökkeş Bey'in pişirdiği nefis Adana kebabını yedik. Üstüne de çaylarımızı içtik.

Akşam ayrılırken herkes mutluydu. Eve dönerken ömrümün çok ilginç ve de hiç unutamayacağım günlerinden birini geçirmenin hazzını yaşıyordum.

Gece yatağıma uzandığımda, günün değerlendirmesini yaptım. Cem'le Serkan'ı hâlâ merak ediyordum. Acaba anne babaları gezideki duygu ve düşüncelerini olduğu gibi eve de taşımışlar mıydı? Çocuklarına nasıl davranmışlar, onlara neler söylemişlerdi? Korkularını yenip ilk adımı atmayı başarabilmişler miydi? Acaba çocuklar ne yapıyordu? Anne-babalarındaki değişikliği nasıl karşılamışlardı? Bunun altında bir bit yeniği mi aramışlardı, yoksa çok memnun mu olmuşlardı? Şimdi, onlar da benim düşündüğüm gibi bugünkü geziyi düşünüp değerlendiriyorlar mıydı? Bu soruların cevabını düşünürken uyuyakalmışım.

BABAMIN ELLERİNİN BU
KADAR YUMUŞAK OLDUĞUNU
İLK DEFA DÜN AKŞAM FARK
ETTİM. ÇÜNKÜ ÖNCEDEN
BABAMIN BANA UZANAN
HER ELİ; YA SURATIMA SERT
BİR TOKAT YA DA SIRTIMA
BALYOZ GİBİ İNEN BİR
YUMRUKTAN İBARETTİ.

MUTLU SONUN İLK ADIMLARI

Pazartesi günü sabahı erkenden uyandığımda aklıma yine aynı sorular geldi. Okula giderken heyecanlıydım.İlk iki derste çocukları göremedim. Üçüncü teneffüste merdivenin başında bahçeye bakarken ikisini bir arada gördüm. Gülümsüyorlardı. O anda yüreğimde hissettiğim mutluluğu anlatamam. Hemen yanıma geldiler. Verdikleri selamı alıp kendileriyle tokalaştım.

— Hocam, son dersten çıkınca eğer zamanınız uygunsa biraz konuşabilir miyiz?

— Tamam, dut ağacının altında.

Sabahçı öğrenciler için son zili çaldığında bahçe yine cıvıl cıvıl olmuştu. Bir yandan öğlenci öğrenciler sınıflarına girmek için sıraya geçerken diğer yandan sabahçılar, öğrencilerin aralarından sıyrılıp kalabalığı yararak evlerine ulaşma mücadelesi veriyordu.

On, onbeş dakika sonra öğlenci devredeki yaklaşık 1900 öğrenci, üçerli sıralar halinde sınıflarına girdiler. Bahçe ıpıssız olmuştu. Cem ve Serkan dut ağacının altına oturmuş, beni bekliyordu. Merdivenlerden inip onlara doğru yöneldiğimde ayağa kalktılar. Serkan çok heyecanlı görünüyordu, titreyen sesiyle sordu:

— Elinizi öpebilir miyim Öğretmenim?

— Elimi mi?

— Evet, elinizi öpmek istiyorum.

— Ben kimseye el öptürmem. Gel iki arkadaş gibi tokalaşalım, dedim ve elimi uzattım.

Serkan'ın avucumdaki eli heyecandan titriyordu. Yüzüne baktığımda gözleri ışıl ışıldı. Kollarımı açıp kucaklayınca ağlamaya başladı. Birdenbire tüm umutlarım söndü, yoksa korktuğum şey mi olmuştu?

— Hayrola Serkan ne oldu? diye sordum. Başımı çevirip Cem'e baktım. Hiçbir şey yokmuş gibi inadına sevinçli görünüyordu.

Serkan'ı daha fazla ayakta tutmamak için yanıma oturttum. Hıçkırıkları dinmişti ama hâlâ içini çekiyordu. Onu birazcık güldürüp rahatlatmak için şakayla karışık sordum:

— Ne o Serkan, babanın yine antrenörlüğü mü tuttu yoksa? Dün biraz fazla mı antrenman yaptınız anlaşılan.

Ben bu soruyu sorunca Cem dayanamayıp güldü. Serkan da hafifçe gülümsedi. Birazcık rahatlamıştı.

— Hadi, beni daha fazla merakta bırakmadan dün evde neler olduğunu anlatın bakalım.

Serkan başını kaldırıp bana baktı, dudakları titriyordu:

— Öğretmenim…

Bir süre sustu.

— Öğretmenim…

— Evet, Serkan seni dinliyorum.

— Öğretmenim… deyip tekrar ağlamaya başladı…

Serkan'ın çok duyarlı bir çocuk olduğunu biliyordum. Daha önceki konuşmalarımızda da bazı konulardaki hassasiyeti dikkatimi çekmişti. Onun bu derece etkilenmesine neden olan olay önemli olmalıydı.Serkan'ı kendisiyle baş başa bırakıp Cem'e döndüm:

— Sen anlat Cem, dün akşam evde neler oldu?

— Çok büyük değişiklikler oldu Öğretmenim. Ama öncelikle size şunu sormalıyım: Siz büyücü müsünüz?

— Büyücü mü, ne büyücüsü Cem?

— Annemle babamı bu kadar çok etkilemenize inanamıyorum.

— Niye ki, ne yapmışım da etkilemişim?

— Dün, ilk defa hiç kavga etmeden konuştuk. Siz annemlere bir öğrencinin yazdığı "Pulsuz Mektup" adlıbir yazı okumuşsunuz.

— Pulsuz Dilekçe.

— Evet, işte o ve ondan çok etkilenmişler. Dün tam benim istediğim gibi konuştular, bugüne kadar duymak istediğim ama bir türlü duyamadığım sözler söylediler. İkisi de sırayla beni kucaklayıp öptüler.

— Öptüler mi?

— Evet Öğretmenim. O an annemin yüzünde gördüğüm sevinci hiç unutmayacağım.

— Peki, baban ne yaptı?

—Doğrusunu isterseniz çok utanmış gibiydi ve benden bir özür dilemediği kaldı nerdeyse.

— Özür dilemedi mi?

— Hayır, özür dilemesine ne gerek var ki?

— Elini omzuma attığında kendimi çok güçlü hissettim, o anın bitmesini hiç istemedim.

— Peki, sen ne yaptın?

— Ben mi, hiçbir şey yapmadım Öğretmenim.

— Nasıl? Hiçbir şey yapmadın mı?

— Şeeyy... O kadar çok şaşırmıştım ki ne yapacağımı bilemedim. Yatarken bu değişikliğin sayenizde olduğunu düşünüp size dua ettim. Ama bundan sonra ne yapacağımı biliyorum.

— Ne yapacaksın?

— Önce, zayıf derslerimi kurtarmak için tüm gücümle çalışacağım.

— Eee sonra?

— Sonra daha da çalışkan ve başarılı bir öğrenci olup onların çoktandır arzuladıkları teşekkür belgesini mutlaka alacağım...

Cevabı beni çok sevindirmişti. Bu arada Serkan kendisini Cem'le olan konuşmamızın akışına kaptırmış epeyce rahatlamıştı. Başını okşayarak sordum:

— Hadi Serkan, beni daha ne zamana kadar bekleteceksin? Dün akşam sizde neler olduğunu anlatmayacak mısın hâlâ?

Serkan oldukça coşkulu;

— O an yaşadığım sevinci herhalde anlatamam Öğretmenim. Annemle babam yanıma oturdu. Babam elleriyle kucaklar gibi omuzlarımı tuttu, en yumuşak sesiyle "Bana bak oğlum, yüzüme bak" dedi. Bana çok şefkatli bakıyordu: "Bir baba olarak senden özür diliyorum. Bugüne kadar sana çok hatalı davranmışım oğlum, çok hatalı!" dedi. Babamdan ilk defa böyle yumuşak bir şekilde söylenen sözler duyuyordum. Sonra beni kucakladı ve öptü. "Her şeyi senin iyiliğini istediğim için yapıyordum. Çünkü seni çok seviyorum. Şimdi anlıyorum ki; oğlum ben seni hiç tanımamış ve anlamamışım. Seni çok güzel yetiştireyim ve sana çok iyi bir baba olayım derken büyük facialara neden olmuşum meğer. Sana söz veriyorum oğlum; artık bundan sonra değişeceğim ve sana çok iyi bir baba olacağım..." dedi.

Sonra annem yüzümü avuçlarının içine aldı ve çok duygusal bir kadın olduğu içinde hemen ağlayıverdi. Bana bakıp

bakıp ağladı. Ağzından sadece bir tek söz çıktı: "Seni çok seviyorum oğlum!.." Bu sözü duymak ne kadar güzelmiş Öğretmenim. Tıpkı bugüne kadar yediğim dayakların acılarını dindiren bir ilaç gibi geldi bana.

Babam tüm şefkatiyle "Bundan sonra antrenörlük yok oğlum, artık biz arkadaşız ve her şeye birlikte karar vereceğiz." dedi.

— Eee sen ne yaptın?

— Önce ben de bir şey yapmadım. Sonra kalkıp babamın yanına gittim. Yine düşünceliydi. "Baba!" diye seslendim. Bana döndüğünde, "Elini öpebilir miyim babacığım?" dedim. Babamın ellerinin bu kadar yumuşak olduğunu ilk defa dün akşam fark ettim. Çünkü önceden babamın bana uzanan her eli; ya suratıma sert bir tokat ya da sırtıma balyoz gibi inen bir yumruktan ibaretti.

— Peki Serkan, dün gecenin sence en önemli olayı ve sözü neydi?

— Babam dedi ki; "Bak oğlum senin bir geleceğin var; onu sen yaşayacak ve nasıl olması gerektiğini kendin belirleyeceksin. Zira senin geleceğini kurtarayım derken az daha mahvediyormuşum. Bundan sonra ben de artık bir baba olarak üzerime düşeni yapmaya çalışıp sorumluluklarımı yerine getireceğim. "

— Bu sözler sence neden bu kadar önemli Serkan?

— Artık kararlarımı kendim vereceğim.

— Peki, nasıl bir gelecek bekliyorsun, neler yapmak istiyorsun, buna dair planın var mı?

—Daha tam olarak bilmiyorum. Ama sizden yardım istiyorum. Bana yardımcı olur musunuz Öğretmenim?

— Elbette Serkan, elbette yardımcı olurum.

Cem ve Serkan'ın bu mutlulukları, anne-babalarının başarılı adımları beni son derece sevindirdi.

Daha sonra Cem ve Serkan'la birkaç kere daha görüştüm. Onlara kolay öğrenmenin yöntemlerini anlattım. İçlerinde zaten var olan öğrenme isteğini daha da canlandırdım. Ailelerinin çocukları üzerindeki baskıyı kaldırması onlarda birdenbire oldukça hızlı bir gelişme süreci başlattı. Taşın altında kalmış bir bitki, nasıl ki taş kaldırıldığında canlanıp dikleşiyorsa bu çocuklar da sorumluluklarını bilen ve kendi ayakları üzerinde durabilen birer genç oluvermişlerdi.

Cem ve Serkan ailelerine verdikleri sözü tutup derslerine çalıştılar. Cem teşekkür aldı, Serkan da doğrudan geçti. İkisi de o yıl mezun oldu...

İLK ADIMI SEN AT, NELER KAZANACAĞINI KENDİN GÖR

Eğer kitabı buraya kadar okumuşsan lütfen burada biraz dur. Yukarıdaki örneklerde de görüldüğü gibi birazcık sevgi, anlayış ve içten bir gülümseme ile atılacak adımın oluşturduğu iletişimle çözülemeyecek hiçbir sorun yoktur. Büyük yangınlar birkaç saman çöpünün tutuşması, en uzun yolculuklarsa atılacak ilk adımla başlamaz mı?

En büyük sorunlar da atılacak ilk adım ve kurulacak sağlıklı bir iletişimle kolaylıkla çözülebilir. Eğer çocukların varsa; lütfen hemen şimdi bu kitabı okumaya ara vererek onlara doğru bir adım at. Onlarla oturup bir konuş, dertleş. Eğer öğretmensen öğrencilerinize kucak açıp hepsini çağır. Yürekteki sevgi ne kadar verilirse o kadar çoğalır, bunu asla unutma. İçten bir tebessüm soluk benizlere renk, minicik sevgi dolu bir dokunuş ölmek üzere olan ruhlara can veriyor.

Biraz ilgi, biraz sevgi; işte yaşama sevinci...

ÜNİVERSİTEDEN
MEZUN OLDUĞUMDA
ÖĞRETMENLİKLE İLGİLİ
HER ŞEYİ BİLDİĞİMİ, BU
BİLGİLERİN ÜZERİNE
ÖĞRENMEM GEREKEN YENİ
BİR BİLGİ OLMADIĞINI
DÜŞÜNÜYORDUM.
FAKAT ÖĞRETMENLİĞE
BAŞLADIĞIMDA
ÜNİVERSİTEDE
ÖĞRENDİKLERİMİN
OKULDA KARŞILAŞTIĞIM
PROBLEMLERLE PEK
DE YAKINDAN İLGİLİ
OLMADIKLARINI ÜZÜLEREK
GÖRDÜM.

GEÇMİŞE DÖNÜP KENDİME BAKTIM, KENDİMLE HESAPLAŞTIM

O yıl, dönem sonuna kadar okulumuzdaki seksen beş öğretmenin büyük bir kısmıyla tanışıp onlarla sohbet ettim. Bal yapmak için çiçek çiçek dolaşan bir arı gibi adeta. Öğretmenlerle sorular soruyor, onların verdiği cevapları dinlerken her birinde kendime katmam gereken birçok güzel özelliğin olduğunu görüyor ve bana ışık tutacak önerilerini anında alıyordum...

Bu arada izinli veya raporlu olan öğretmenlerin derslerine de giriyor, böylece öğrencilerle daha yakından tanıyıp onların dünyalarına girerek kendilerini daha iyi anlamak için uğraşıyordum. Çünkü her öğrencinin apayrı bir dünya, farklı bir kişilik ve keşfedilmeyi bekleyen gizli bir hazine olduğunu gayet iyi biliyorum.Dönem sonuna doğru, girdiğim sınıflarda tahtaya yaz tatilini geçireceğim adresi yazdım. Öğrencilere, dileyen herkesin istediği konuda bana mektup yazabileceğini, benim de gelen her mektuba gücüm yettiği, dilim döndüğünce cevap yazacağımı söyledim.

Sonunda yaz tatili geldi. Öğrenciler bir yıllık çalışmalarının nota çevrilmiş karşılığını karnelerinde göreceklerdi. Kimi verdiği emeğin karşılığı olan yüksek notlar alıp takdir veya teşekkürle ödüllendirilmenin sevincini yaşayacak; kimi de zayıf notları görünce üzülecekti. Karneler dağıtılmaya başlandığında öğrencilerdeki heyecan daha da arttı. Bazıları en yüksek notları almasının gururuyla karneleri getirip öğretmenlerine gösterirken, kimi fazla sayıdaki zayıf notları görünce ağlıyor, kimi de düşük notlarını kimseye göstermemek için karnesini gizliyordu. Beklemediği halde zayıfı gelen bazıları da öğretmenleri bulup "Ama Öğretmenim, benim notumda bir yanlışlık var!" diye itiraz ediyordu...

Ben dut ağacının altında durmuş öğrencileri gözlemliyordum. Bir süre sonra tüm öğrenciler bahçeyi boşalttılar. Az önce yaklaşık dört bin öğrencinin arı gibi koşuşturup kaynaştığı okul bahçesi bir anda sessizliğe büründü. O an içimi bir sıkıntı kapladı. Dut ağacının altında yapayalnız kaldım. O anda kendimi tüm çiçekleri kopartılmış bir bahçenin ortasında, kolu kanadı kırılmış bahçıvan gibi hissettim. Biri dokunsa ağlayacaktım. Hüzünlü bir şekilde ağacın altına oturup hayalimde geçmişe döndüm: "Tayin olacak başka okul bulamadın mı?" diyen adamın sözleri geldi aklıma. "İyi ki başka okul bulamamışım." diye düşündüm. Bu okulu sevmiştim. Öğretmenlerin oluşturduğu ortam, aralarındaki güzel diyalog hoşuma gitmişti. Hele çocukların tebessümleri her şeye bedeldi. Problemli öğrencilerin dertlerini dinledikten sonra mendilimi çıkarıp yanaklarından aşağı süzülen gözyaşlarını silmenin bahtiyarlığını başka ne verebilirdi? Ceketleri sökük, pantolonları lekeli ve gömleklerinin yakaları kirli de olsa onların yüreklerindeki tertemiz sevgiyi hissetmenin, gözlerindeki sevinç pırıltılarını görmenin hazzını başka nerede bulabilirdim? Bir gecekondu mahallesindeki fakir çocukların okuluydu burası. Sınıflarda doksan-doksan beş kişi vardı. Sıralar eski, masalar kırık döküktü. Sefalet içinde yaşayan çocukların ayakkabıları su alırken üstü başı yamalı, pantolonları ütüsüz ve çantaları delik deşikti. Yüzlerinde ise yoksulluğun neden olduğu izler vardı. Tüm bu olumsuzluklara rağmen yürekleri sevgi doluydu ve içten gülümseyişleriyle aydınlanan yüzlerinde o izler kayboluyordu.

Can sıkıntısından patlayacaktım. Yerimden kalkıp bahçeyi dolaşmaya başladım. Sanki her köşede, canım çiçeklerimin hayalleri vardı. Sonra öğretmenler odasına gitsem de orada da duramayıp bir üst kata çıktım, sınıflara doğru yöneldim. Her sınıfın kapısını açtığımda, sanki "Günaydın Öğretmenim, hoş geldiniz!.." sözlerini duyuyordum. En üst kattaki koridorun sonunda bulunan sınıfın kapısını açtığımda gözyaşlarıma hâkim olamadım. Sınıfın arkasındaki bir sıraya oturup ağlamaya başladım. Sanki herkes sınıfa gelmiş, benimle konuşuyordu:

"Kan davası kalksın Öğretmenim! Çünkü ben bu yüzden babasız kaldığımdan başka kimsenin babasız kalmasını istemiyorum..."

"Geçen hafta anlattıklarınızı anneme anlattım, çok sevindi. Size selamı var Öğretmenim..."

"Öğretmenim, babam sizinle tanışmak istiyor. En kısa zamanda bize gelebilir misiniz?"

"Öğretmenim, neden bu kadar şakacısınız?"

"Mektubumu Zeki Müren'e verdiniz mi Öğretmenim?"

"Öğretmenim sizden bir şey istesem yapar mısınız?"

"Sanki siz, bizim öğretmenimiz değilsiniz de arkadaşımızsınız. Sizin yanınızdayken kendimizi çok rahat hissediyoruz. Öyle değil mi arkadaşlar?"

Sınıfta bir süre oturduktan sonra kalkıp aşağı indim. Arkadaşlarla vedalaşıp tatile çıkmak için okuldan ayrıldım. Hem tatilimi geçirmek hem de aileme çiftçilikte yardımcı olmak için memleketim olan Eskişehir'e gittim.

Bu ilk tatilimde ta üniversitede öğrenciyken almama rağmen hâlâ okumadığım gençlik, psikoloji ve eğitim konularındaki kitaplarımı okumaya karar verdim. Ayrıca19 Mayıs Ortaokulu'nda geçirdiğim öğretmenliğimin ilk dört ayının bir muhasebesini yapmayı, öğrenci ve öğretmenlerle olan ilişkilerimi değerlendirmeyi ve önümüzdeki yıl bürüneceğim öğretmenlik kimliğimi netleştirmeyi tasarladım.

Üniversiteden mezun olduğumda öğretmenlikle ilgili her şeyi bildiğimi, bu bilgilerin üzerine öğrenmem gereken yeni bir bilgi olmadığını düşünüyordum. Fakat öğretmenliğe başladığımda üniversitede öğrendiklerimin okulda karşılaştığım problemlerle pek de yakından ilgili olmadıklarını üzülerek gördüm. Ezberlediğim sayfalar hatta kitaplar dolusu bilginin, bir kısmı ne şimdi herhangi bir işime yarıyor ne de ileride karşıma çıkacağa benziyordu. İhtiyaç duyduğum birçok konuyu da üniversitede öğrenmediğimi fark ettim. Karşılaştığım her sorun, yetersizliğimin ortaya çıkmasına neden oluyordu. Öğretmenlik adına edindiğim bilgiler, karşılaştığım sorunları çözmek şöyle dursun; onları çözmeyi daha da zorlaştırıyor hatta bazen içinden çıkılmaz bir duruma getiriyordu.Bunun için öncelikle okulda karşılaştığım sorunların neler olduğunu belirlemeliydim. Geriye dönüp okulda geçirdiğim dört ayı değerlendirdim:

Okulumuzda yaşanan sorunların başında iletişimsizlik geliyordu. Her öğretmen, öğrencilere ders anlatıyor ancak istediği sonucu tam olarak bir türlü alamıyordu. Öğrencilerin gelişim evreleri ve psikolojik özellikleri hakkında bilgisizdik. Çocukları her zaman kendi ölçülerimizle değerlendiriyorduk. Verimli ders işleme ve kolay öğrenmenin yolları hakkında bilgimiz yoktu. Eğitim, öğretim ne demekti? Öğrencilere neyi kazandıracaktık; bilgi mi, beceri mi yoksa davranış mı? Bu konularda net değildik. Öğrencilerin aile sorunları, uyum problemleri var mıydı varsa bunlar nelerdi ve nasıl çözebilirdik? Bu konularda yeterli donanımımız yoktu. Öğrenciye nasıl ulaşacaktık, sunduğumuz bilgilerin onlar tarafından algılanmasına nasıl katkıda bulunacaktık? Tüm çabalara rağmen, beklenen verim neden alınamıyordu? Yoksa biz öğretmenlerle öğrenciler, farklı gezegenlerden gelen ve birbirinin dilini anlamayan iki farklı grup muyduk?

BAZI İNSANLAR
BİRBİRLERİNDEN
KİLOMETRELERCE UZAKLIKTA
BULUNMALARINA VE
BİRBİRLERİNİ GÖRMEYİP
KONUŞAMAMALARINA
RAĞMEN YAZDIKLARI 10–15
SATIRLIK BİR MEKTUPLA
PEKÂLÂ ANLAŞABİLİYORDU.

MEKTUPLAR SANKİ BANA ÖĞRENCİLERİMİ GERİ GETİRMİŞTİ

Öğretmenliğe sevgim çok fazla olmasına, büyük bir heves ve istekle öğretmenlik yapmaya çalışmama rağmen bu sorunları çözme konusunda hiç de yeterli olmadığımı fark ediyordum. Okumaya başladığım kitaplar sayesinde bu konularda doyurucu bilgiler edineceğimi umuyordum. Ayrıca öğrencilerden gelecek mektupların da bu sorunların çözümünde bana ışık tutacağını sanıyordum. Bu amaçla köyümüzün otobüsüyle gelecek mektupları beklemeye başladım. Gelen ilk postada oldukça fazla sayıda mektup içeren bir paket vardı: "Tamam, bu mektupların yarıdan fazlası bana gelmiştir." diye düşündüm. Heyecanla paketi açtım ve isimleri okumaya başladım. Elimdeki son ismi de okuduğumda hayretler içerisindeydim. Çünkü bana bir tane bile mektup gelmemişti ve deyim yerindeyse yıkılmıştım. Eve dönerken bir mektup bile gelmemesinin nedenini düşündüm:

"Acaba, neden kimse yazmadı? Yoksa öğrenciler beni aldattı mı? Hayır, hayır bunu yapmazlar. Gerçi ben geleli daha bir hafta bile olmadı. Ancak yazmışlardır. Ben en iyisi önümüzdeki haftayı bekleyeyim."

Bir hafta sonra kardeşim elinde bir demet mektupla eve geldi. Bu mektupların hepsi de bana yazılmıştı. Saydım tam 43 taneydi. Mektubun birinde adres olarak Eskişehir yerine Balıkesir yazıyordu. Ama postacı adıma bakıp onu da bana getirmiş olmalıydı.

Bütün mektupları birer birer okudum. Kimi kısa, kimi upuzun, kimi özenle, kimi baştan savma yazılmış, kimi sorunlardan, kimi sevinçlerden söz eden mektuplardı bunlar. Bu mektupların ortak özelliği öğrencilerin ilk defa bir öğretmene mektup yazıldığını vurgulamalarıydı. Mektupları bitirdiğimde, sanki 43 tane öğrenci köyümüze kadar gelip benimle konuşmuştu. Aradan daha 15 gün geçmeden gönül bahçemin sevgili çiçekleri olan canım öğrencilerimi çok özlediğimi fark ettim. Her mektuptaki "Canım Öğretmenim... Sevgili Öğretmenim..." hitabı beni tekrar tekrar gözyaşlarına boğuyordu.

Altı gün içinde bütün mektupların cevaplarını yazdım. Öğrencilerin mektuplarda dile getirdikleri konularla ilgili duygu ve düşüncelerimi anlattım, sordukları soruları cevaplandırmaya, sorunlarına çözümler üretmeye çalıştım...

İkinci mektuplarda, çok daha büyük sevinçlerin dile getirilişi vardı. "Hayatımda ilk defa bir öğretmenimden bana mektup geldi." diye yazan öğrencilerin sayısı oldukça çoktu. Bir kısmı "Anne ve babam da çok sevindiler." diye yazarken, diğer bir kısmı da "Mektubunuzu çevremdeki birçok arkadaşıma okuttum, onlar da size yazmayı düşünüyor." diyordu mektubunda.

Üzerinde birkaç paragrafın yazılı olduğu, dikdörtgen şeklindeki çizgili beyaz bir kâğıdın ve üzerinde adres yazılı bir zarfın oluşturduğu iletişim ne muhteşemdi!.. İçerisinde yazılı mesajın üç-beş defa okunduğu hatta adeta ezberlendiği, okuyanların kısalığından şikâyet edip daha da uzun yazılmasınıistediği ve kendisine ulaşmasını sabırsızlıkla beklediği böylesine mükemmel başka bir iletişim aracı var mıydı acaba?

Bazı insanlar birbirlerinden kilometrelerce uzaklıkta bulunmalarına ve birbirlerini görmeyip konuşamamalarına rağmen yazdıkları 10–15 satırlık bir mektupla pekâlâ anlaşabiliyordu. Peki, mektuplarla sağlanan bu harika iletişim, acaba derslerde neden sağlanamıyordu? Bu durum dikkatimi çekti. Acaba ilk durumda iletişimin kolayca kurulabilmesi neye bağlıydı? İkinci durumda ise eksik kurulan ya da hiç kurulamayan bu iletişimin sebebi neydi?

Her şeyden önce mektubu isteyenler yazıyordu. Ancak derslere sadece isteyenler değil mecburen herkes giriyordu. Mektuplara istenilen veya merak edilen konular yazılıyor, soruluyor ve tartışılıyordu. Derslerde ise müfredatın dışına çıkılmıyor, istenilse de istenilmese de, merak edilse de edilmese de yalnızca belirlenen konular anlatılıyor ve onların anlaşılması isteniyordu. Demek ki, insanın istemediği, sevmediği ve merak etmediği bir konu; yıl boyunca sürekli olarak anlatılsa da insan onu anlamak bir yana dinlemiyordu bile.

Peki, neler yapılmalıydı? Anlaşılan atalarımızdan kalan yöntemlerle bu sorunu çözmek pek de mümkün değildi. Bu problemle nesiller ömür boyu yaşanılmayacağına göre bunun bir çözümü mutlaka bulunmalıydı.

Yaz tatili boyunca her hafta yaklaşık 15–20 mektup alıyordum. Her mektup, bir öğrencinin değişik duygu ve düşüncelerini yansıtıyor, onun sorunlarını dile getiriyordu. İletişimsizlik ve bunun sonucu olan başarısızlık gibi sorunların nedenleri çok açık bir şekilde görülüyordu bu mektuplarda. Tatil süresince gelen 150 mektupta dile getirilenler, sorunları net olarak tespit etmemi ve çözüm yolları konusunda bazı ipuçları yakalamamı sağlamıştı.

NOT: Bana bugüne kadar gelen altı bini aşkın mektubun bir bölümünü ve onlara yazdığım cevapları "***Bunları Kimseye Anlatamamıştım***" adlı kitabımda yayınladım.

DERSİN DIŞINA ÇIKMAYAN,
BÜYÜKLERİNDEN GÖRDÜĞÜ
ANLAYIŞ VE DAVRANIŞLARI
HİÇ DEĞİŞTİRMEDEN
SÜRDÜRME ÇABASINDA OLAN,
BUNUN SONUCU OLARAK
ÖĞRENCİYE YÜZ VERMEYEN,
ONUN SORUNLARINI
ANLAMAYAN HATTA ONU
DİNLEMEYE BİLE TENEZZÜL
ETMEYEN BİR ÖĞRETMENİN
KİTAP OKUMASINA NE GEREK
VARDI Kİ?

KİTAP OKUMAYAN ÖĞRETMEN KÖRELİYOR; KÖRELDİKÇE DE KÖRELTİYORDU

Yaz tatili boyunca gelen mektuplara cevap yazmanın yanı sıra 34 tane de kitap okudum. Okuduğum her kitapta okulumuzda karşılaştığım sorunlara, öğrencilerimizin yaşadığı ergenlik problemlerine ve öğrencilerle öğretmenler arasındaki iletişimsizliğe çözümler aradım. Ayrıca öğrencilerimizin okul dışında, aile ve çevreleriyle olan problemlerinin nasıl çözülebileceğine ilişkin ipuçlarını bulmaya çalıştım.

Kitapları ve öğrencilerden gelen mektupları okudukça şunu gördüm: Sorunları yaşayan öğrenciler ve bu sorunları yazan yazarlar, sorunların tespitinde ortak bir noktada buluşuyordu. Öğrencilerin kendi hayatlarında karşılaştıklarını söyledikleri sorunlar ile yazarların öğrenciler adına yazdığı sorunlar aynıydı.

Öğrenciler, bu sorunlar karşısında nasıl davranacaklarını bilmiyor, sorunlarını paylaşacakları güvenilir kimseler bulmakta da güçlük çekiyordu. Öyle ki bazen ne yapacaklarını şaşırıyor hatta bundan dolayı bunalıma giriyorlardı. Yazarlar, sahip oldukları bilgi birikimi ve deneyimleriyle sorunlara çözümler öneriyordu. Ancak öğrencilerin ne bu kitaplardan haberi vardı ne de yaşadıkları sorunların çözüm yollarından. Üzülerek şunu da belirtmeliyim ki; görebildiğim kadarıyla üniversiteden mezun olduktan sonra kendini yeterli görüp kitap okumayı bırakan öğretmenlerimizin epeyce bir kısmının da bu eserlerden haberi yoktu. Tatilden önce konuştuğum bazı öğretmenler kitap okumadıklarını söylüyor hatta üniversite yıllarında da ders kitaplarının dışında pek kitap okumadıklarını ifade ediyordu sanki büyük bir marifetmiş gibi.

Dersin dışına çıkmayan, büyüklerinden gördüğü anlayış ve davranışları hiç değiştirmeden sürdürme çabasında olan, bunun sonucu olarak öğrenciye yüz vermeyen, onun sorunlarını anlamayan hatta onu dinlemeye bile tenezzül etmeyen bir öğretmenin kitap okumasına ne gerek vardı ki? Herhangi bir sorunla karşılaşmamış, bir sorunun varlığının farkına bile varamamış bir kimse, o sorunun çözüm yollarını arama kaygısı taşımadığından elbette ki kitap okuma ihtiyacı duymayacaktı. Kitap okumadıkça körelecek; köreldikçe de köreltecekti. Ve bunun farkına bile varmayacaktı.

Peki, ya ben… ben bunun farkında mıydım acaba?

OKULUMUZ "LİSE" OLMUŞ

Ağustos ayının sonuna doğru kendimi yeni eğitim yılına hazırlamış olarak köyümden ayrılıp Adana'ya gittim.

Okula geldiğimde çok sevindiğim bir haber aldım: 19 Mayıs Ortaokulu lise olmuş ve 19 Mayıs Lisesi adını almıştı. Okulumuzun lise olması beni heyecanlandırdı. Artık bundan sonra lise çağındaki gençlerle birlikte olacak, onların üniversitelere doğru yaptıkları yolculuğa eşlik edecektim.

Lise çağındaki gençler...

Gönül Bahçemin biraz daha büyümüş, biraz daha gelişmiş çiçekleri...

Heyecanla okulun açılacağı günü beklemeye başladım hem de büyük bir heyecanla...

KURUYUP ÇATLAMIŞ
TOPRAKLARIN KENDİSİNE
CAN VERECEK SUYU
HASRETLE BEKLEMESİ GİBİ;
BİZİ BEKLEYENLERE HAYAT
VERMEK ÜZERE ONLARA
DOĞRU COŞKUYLA AKMAK,
HEYECANLA ÇAĞLAMAK İÇİN
OLSUN...

HEYECANLA YÜRÜMEK VE COŞKUYLA KOŞMAK İÇİN BİRAZ ARA VERELİM Mİ?

Sevgili Okuyucum,

Sizinle birlikte; öğrencilerimize, gençlerimize, ailelerimize ve çocuklarımıza eşlik etmek için çıktığımız bu eğitim yolculuğuna biraz ara vermek istiyorum. Biraz dinlenmek, geldiğimiz yere kadar gördüklerimizin, yaşadıklarımızın ve yaptıklarımızın bir değerlendirmesini yapmak, hatalarımızı belirleyip düzeltmeye çalışmak, eksiklerimizi tespit edip bunları giderecek donanımı sağlamak, gerekli malzemeyi yüklenmek, kalbimizdeki heyecanı doruk noktasına çıkarmak için olsun bu ara.

Kuruyup çatlamış toprakların kendisine can verecek suyu hasretle beklemesi gibi; bizi bekleyenlere hayat vermek üzere onlara doğru coşkuyla akmak, heyecanla çağlamak için olsun...

Bu dinlenme arasında sizden bir ricam olacak:Dün yaşadıklarınızı, şimdi yaşamakta olduklarınızı ve gelecekte yaşamak istediklerinizi bir düşünün...

Ve haydi, yazın onları.

Dün yaşadığınız güzellikleri, ibret verecek olayları, bir daha tekrarını asla istemediğiniz hatalarınızı yazın...

Şimdi yaşadığınız, bir an önce bitmesini ya da hiç bitmemesini istediğiniz olayları yazın...

Gelecekte yaşanması için kurduğunuz düşleri, gerçekleşmesi uğruna her türlü fedakârlık yaptığınız hayallerinizi yazın...

Kimselere anlatamadığınız, hiç kimseyle paylaşamadığınız, anlatsanız bile dinletemediğiniz sorunlarınızı yazın...

Yüreğinizin ve ruhunuzun derinliğindeki çığlıkları duyurmak için yazın...

Yazın ki:

Koro halinde veya bir orkestra gibi birlikte daha gür bir sesle, daha ahenkli bir söyleyişle hep beraber söylemeye çalışalım.

Sesimizi duyurmak için haykıralım.

Bir kere geldiğimiz bu dünyayı daha da yaşanılır kılmak için el ele, omuz omuza, gönül gönüle vererek çaba gösterelim. Zira daha güzel bir hayat için birbirimize ihtiyacımız var.

Haydi, durmayın kalkın! Haydi, şu andan geçi yok yazmaya başlayın. Bakın kaleminiz duygu ve düşüncelerinizi kâğıda nakış gibi işlemek için nasıl da sabırsızlanıyor.

Kısmet olursa yolculuğumuza bu dinlenme molasından sonra okulların açılacağı gün kaldığımız yerden devam edeceğiz.

O gün buluşmak üzere sağlıcakla kalın...

BÜTÜN BUNLARA RAĞMEN
SANA ELLERİMİ UZATIYORUM
TUTAR MISIN? BENİ DE
GÖNÜL BAHÇENE ALIR
MISIN? YÜREĞİNDEKİ SEVGİ
VE ŞEFKATİNLE SULAR MISIN
BENİ? BEYNİMİ BİLGİYLE
BESLER MİSİN? BENİ BİR
TOMURCUK GİBİ GÖRÜP BANA
ÖZEN GÖSTERİR MİSİN?

EMEKLİ İŞÇİ NURİ YETİŞİR'İN BAHÇIVAN HAKKINDA YAZDIKLARI

Sevgili Bahçıvanım... Canım Öğretmenim...

'Bahçıvan' adlı kitabını okumanın mutluluğunu yaşıyorum. Bana bu mutluluğu yaşattırdığın için sana en içten duygularımla teşekkür ederim.

Yaşadığın ve çeşitli bakış açıları doğrultusunda yorumlayıp bizimle paylaştığın konuları ve hadiseleri okurken zaman zaman bunların içinde kendimi de buldum. İnsanın yüreğini yumuşatıp ağlamak gibi çok doğal ve o kadar da güzel hissiyatları tekrar yaşattın bana Alişan!

Bu mektubu yazmadan önce çok düşündüm. Seni uzun zamandır tanımama rağmen, yazarak zamanını alabilecek cesareti kendimde bulamıyordum. Ama 6000'e yakın mektup aldığını ve onlara cevap yazacak kadar yürekli ve gönül zengini olduğunu görünce dayanamadım ben de yazmaya karar verdim.

Bahçesindeki çiçeklerin dilinden anlayan bir bahçıvanın çiçeği hiçbir zaman olamadım. Ne kötü iklim şartlarından ve zararlı haşerelerden beni koruyacak bahçıvanım vardı ne de beni dalımdan ayırıp koparmadan koklayan ziyaretçilerim...

Biliyor musun Alişan? Aslında ben de bir Serkan'dım ve benim de Cem'den farkım yoktu. Belki bir Tuzcu Dede'nin torunu ya da bir hasta annenin kızı Yasemin'i de değildim. Ben; cahil, bilinçsiz ama iyi niyetli bir anne ve babanın oğluydum. Küçükken çok suçladığım, kızdığım anneme şimdi kızamıyorum, babamı suçlayamıyorum. Onları değerlendirip kendimdeki eksiklikleri görüyor, çocuklarıma karşı yapmam gerekenleri anlamaya çalışıyorum. Benim için acı olsa da öğrettikleri tecrübe için kendilerine teşekkür ediyorum.

Şimdi, ben ellisine merdiven dayamış bir babayım. İlk ve ortaokuldan sonrasını okuyamadım. Çünkü benim okuduğum okulun bahçesinde bir "DUT AĞACI" yoktu. Elimden tutup beni dut ağacının altına götürecek ve yüreğini bana açıp beni dinleyecek bir Alişan Öğretmenim hiç yoktu.

O yıllarda komşu çocuklarının bir önceki yıl kullanıp bize verdikleri sayfalarının köşesi buruşmuş eski ders kitaplardan başka kitabım da yoktu. Hiçbir zaman bir roman veya şiir kitabım olmadı. Sinemaya götürmedi beni kimse, tiyatroyu bilmezdim. Küçüklüğümde satın alınmış bir tek oyuncağım bile olmadı, biliyor musun Alişan?

Kitabını okuyunca çok farklı duygular hissettim; kendimi buldum, çocukluğumu bir kere daha yaşadım.

Kendi doğrularını yaşarken karşısındakilerin yanlışlarını sabırla, anlayışla dinleyebilen sabır taşım...

Kendi neşesini, sevincini, mutluluğunu karşısındaki kederli ve hüzünlü insanın ızdırabıyla değiştirebilen cefakârım...

Kendisine gerekli olmasına rağmen sahip olduğu tüm imkânları yoksula, düşküne veren cömerdim...

Sımsıcak yüreğini açıp üşüme pahasına üşüyenleri kucaklayan sevgili dostum...

Sana... sana içimden gelen en samimi hislerimle "Canım Alişanım!" demek istiyorum izninle... Diyebilir miyim?

Okul yıllarındayken Prof. Atalay Yörükoğlu'nu tanımadım, onun kitaplarını okuma imkânım olmadı. Yirmili, otuzlu yıllarımda kendimi, çevremi, insanı, evreni ve her şeyi var edeni tanıma isteğiyle kıvranmaya başladım.

Bulunduğum dünyada, yaşadığım ülkede, doğduğum çevrede "BEN" varım, ben kendimim diyebilmenin hazzını 40'lı yaşlarımda ancak tattım. Ben'i anlamak, kendimi tanımaya, keşfetmeye başlamak çok yüce bir değerdi.

Yaşamak, iş, aş... Bunlar hiç de ucuz ve kolay şeyler değildi.Yaşam filminin aktörüydük. Daha doğrusu tepemizdekiler başrol oyuncuları, bizler de figürandık yalnızca.Oyunun güzel olması için ezilen, aç kalan, hastalanan, ölen bizdik... yani figürandık. Sırtta taşınan, yüceltilen ve baş tacı edilenler de sözüm ona güya aydınlardı. "Olsun" diyorduk. "Yeter ki huzurlu ve mutlu yaşadığımız bir ülkemiz olsun da onunla övünelim!" diye düşünüyorduk.

Ne yazık ki, filmin sonu bizim için hep hüsrandı ve mutlu olmuyorduk. Sonuç ortadaydı. İşsizlikten, fakirlikten kıvranan, parasızlıktanokuyamayan binlerce genç insan... yarı aç yarı tok perişanlık çeken milyonlarca yoksul insan... İlaçsızlıktan ölen birçok hasta...

Bu senaryoyu kim yazdı ve bu filmi kim yönetiyor Alişan?

Sevgili Öğretmenim,

Okuduğum kitabında; sevgi, güven, paylaşım, bilgi, inanç ve sabır gibi birçok güzel hasletlere yer vermişsin. Bunları paylaştığın, yazdığın için çok sağ ol. Ama ben kendimi bunları seninle paylaşacak güçte görmüyorum.

Nasıl görebileyim ki?

Sağlıklı bilgim yok, inanamıyorum...

İnanamadığımdan, güvenemiyorum...

Güvenim yok, paylaşamıyorum...

Bütün bunlara rağmen sana ellerimi uzatıyorum tutar mısın? Beni de gönül bahçene alır mısın? Yüreğindeki sevgi ve şefkatinle sular mısın beni? Beynimi bilgiyle besler misin? Beni bir tomurcuk gibi görüp bana özen gösterir misin?

Ne olur Alişan, bunları yap! O zaman hem sana hem kendime, hem çocuklarıma hem de çevreme çok güzel kokan bir gül veya kendi renginde açan çok güzel bir çiçek olurum.

Şayet, "Nuri Abi, sen yaşlanmış, eskimiş, bir tohumsun!" dersen o zaman bari beni bahçene çiçeklerinin yaslandığı bir sırık olarak alır mısın? Haydi, hemen şimdi...

Sana o kadar yakınım ki; ellerini birazcık uzatsan ellerimi tutabilir, hafifçe seslensen sesimi kulağında, sevgimi yüreğinde bulabilirsin.

Sevgili Öğretmenim, seni ve tüm çiçeklerini Allah'a emanet ediyorum.

Sevgilerimle

Nuri YETİŞİR

Emekli İşçi, Sürekli Öğrenci...

KURUMUŞ TOPRAĞA
YAĞAN RAHMET
GİBİ YAĞDIR SEVGİNİ
İNSANIMIZIN RUHUNA,
GÖNDER MUTLULUK
MELTEMLERİNİ YÜREĞİMİZİN
DERİNLİKLERİNE...

20 YILLIK ÖĞRETMEN NECMİ YILMAZ'IN BAHÇIVAN HAKKINDA YAZDIKLARI

Sevgili Alişan,

Sanki beni ve yaşadıklarımı anlattığın kitabınla ilgili görüş ve düşüncelerimi sana aktarmakta oldukça geciktirdiğimin farkındayım. Fakat konu okul, öğretmen, öğrenci ve gençlik olunca insanın duygu ve düşüncelerini anlatması pek de kolay olmuyor.

"Gönül Bahçem" dediğin okulumuza "Canım Çiçeklerim" dediğin öğrencilerimize en insancıl duygularla yaklaşan bahçıvanı ve onun nadide çiçeklerini bir çırpıda anlatmaya kalkışmak haksızlık olacaktı.Şimdi, saat gecenin üçü ve ben 'Bahçıvan'ı bir kez daha içime sindire sindire okuyorum.

Seninle tanışalı üç sene oldu. Okula başladığım ilk günlerde senin öğrencilerle olan diyalogunu, onlara gösterdiğin şefkat ve ilgiyi, onlarla koklaşıp kaynaşmanı gördüğümde samimiyetimle itiraf ediyorum ki seni çok kıskanmıştım.

Çünkü o zamana kadar geçen 20 yıllık meslek hayatımda (ki bunun çoğu müdürlükle geçti) kendimi öğrencileri ile ilişkileri çok iyi olan bir öğretmen olarak görüyordum.

Bahçesindeki çiçekleri sorunlar içinde yüzen, ilgisizlikten ve sevgisizlikten solan, çiçeklerin dilinden anlamayanlar tarafından kopartılan bir bahçıvandan da çok şeylerin öğrenilebileceğini anladım. Yaptıkların ve yazdıkların, beni öğretmenlik yaptığım ilk yıllara götürdü. Ankara-Kalecik'e, Mardin'e, Cizre'ye, Niğde-Edikli Kasabası'na gittim yeniden. Yıllardır yaşadığım, yazmak isteyip de yazamadığım duygu, düşünce ve özlemlerimi kitabında bir kez daha yaşadım.

Yediden yetmişe kitabını okuyan herkes, cümlelerindeki sadelik, ifadelerindeki akıcılık ve ritimle anlattığın olaylarda kendi hayatından parçalar bulacaktır.Kitabının en güzel yanı; insana akıl vermeden yaşadıklarını içtenlikle paylaşman ve uzman bir psikolog gibi insanları anlamaya ve anlatmaya çalışmandır. Bu eserinde de senin eğitime kattığın farklı ve yerinde yaklaşımlarının yansımış hali diye düşünüyorum...

Halkımızı çok yakından tanıyorsun. İnsanlarla ve öğrencilerinle olan ilişkilerin farklı ama bir o kadar tutarlı. Farklı lezzetleri tatmanın verdiği heyecanla yazdığın bu kitap, umuyorum ki eğitim camiamıza güçlü bir heyecan ve sevgi dalgası yaratacaktır.

Bugüne kadar eğitim alanında kendilerini eşsiz kalem sahibi olarak görenlere "Savulun!" diyesim geliyor; çünkü yıllardır bu konulara el atanlar, ne yazık ki mesleğin içinden gelen kimseler değildi.

Bu meslekten gelenler de eserlerini yazarken, çoğu zaman yaşamadıkları şeyleri anlatmak için süslü ama içtenliği olmayan cümleler kullandılar. Bununla birliktebu yazarlar, okuyucu tarafından "yapmacık" olarak algılandıklarını bile fark edemediler.Kitabında yazdığın olaylarla benim çevremde gördüğüm gerçek hayatta yaşanan olaylar bir bütünlük oluşturuyor. Tahmin ediyorum ki sen de insanı boğan anlamsız kurallardan, köhnemiş anlayışlardan ve eğitimcilerin katı tutumlarından çok çekmişsin ve bunları çok güzel yakalayıp anlatmışsın. Kitabını diğerlerinden farklı kılan da işte bu.

Kitabın birçok yerini ailece okuduk. Bizim evdeki herkes kendine özgü bir şeyler buldu. Ben okudum, çocuklarım dinledi. Birçok yerde kızım Afra, "İşte baba, benim içimden geçenler bunlardır." derken; oğlum Osman, "Babacığım, üç seneden beri sana söylemek isteyip de söyleyemediğim şeyleri şimdi sen bu kitaptan bana okuyorsun ve de ben bunları aynen onaylıyorum!" dedi. Hatta küçük Mehmet'im"Baba beni daha çok sev, tamam mı?" dedi.

Sevgili Alişan Kardeşim,

Kitapla ilgili bazı önerilerde bulunmak istiyorum: Kitabın veliler ve öğrencilerle konuşmaların yer aldığı bölümlerini biraz daha örneklendirip zenginleştiremez misin? Öğretmenliğinde velilerle yaptığın konuşmaların, yaşadığın ilginç deneyimlerin ve somut olayların çok daha fazla olduğunu hepimiz biliyoruz. Kitaba aldığın konuşmaların az ve kısa olduğunu düşünüyorum çünkü yaradılışımız gereği insanların çok çabuk ikna olabileceklerini zannetmiyorum. Lütfen bu bölümleri biraz daha uzun yazar mısın?

Ayrıca, öğretmenlik hayatının çok kısa bir bölümünü içeren bu eserden sonra yaşamının daha önceki yıllarında yaşadığın ibretli olayları da yazmanı bekliyorum. Eserlerinde olumlu örneklerin yanında olumsuz olanları da yansıtmanın daha doğru olacağını düşünüyorum. Sevgisiz, anlayışsız, hoşgörüsüz, dayakçı, okuyup kendini yenilemeyen, günümüze ayak uyduramayan ve not tehdidiyle öğretmenlik yaptığını zanneden meslektaşlarımızı ve onların elinde solan, soldurulan, koparılıp atılan çiçeklerimizi de yazarsan, okuyucu, iyi ile kötüyü karşılaştırma imkânı bulacaktır.

Sağ olasın Alişan! İnsanın, içinden geçenleri yazması kolay bir şey mi? Bak ben bu satırları yazarken bile "Acaba nasıl olur?" kaygısından kurtulamıyorum.

Havuzunu, barajını doldurmuşsun; daha doğrusu onu dolduracak bir yüreğe sahip olmuşsun. Boşalt, boşalt artık o suyu da hiçbir çiçek susuzluktan solmasın, hiçbir ağaç kurumasın.

Kurumuş toprağa yağan rahmet gibi yağdır sevgini insanımızın ruhuna, gönder mutluluk meltemlerini yüreğimizin derinliklerine...

Necmi YILMAZ
Öğretmen

KİTAPLA İLGİLİ BİR DEĞERLENDİRME

Okul bahçeye, öğrenciler çiçeklere, öğretmen de bahçıvana benzer. Öğretmen, bireysel yeteneklere göre her çiçeğin kendi renginde açması için uğraş veren bir bahçıvandır aslında.

Ülkemizin çözülemeyen sorunlarından en önemlisieğitim sorunudur. Toplumda kendisinden çok emek istenen, buna karşın o denli az değer verilen birey; öğretmendir. Mesleğin ağır koşullarında çalışan öğretmen hep engelleyici koşullarla karşılaşır, bunun sonucu olarak da çalışma isteği günden güne kaybolur.

Kapaklıkaya, bu kitabında eğitimin temel sorunlarından bazılarını irdeleyerek bu sorunlara çözümler getirmektedir. Bunu yaparken örnek olaylara yer vermesi, getirdiği çözümlerin gerçekçi oluşunu göstermektedir. Kitap, öncelikle öğrenci-öğretmen iletişimsizliğinin nedenlerine inerek, eğitimin iletişime bağlı olduğunu, etkileşimin de ancak sağlıklı bir iletişim sonucu olabileceğini vurgulamaktadır.

Kapaklıkaya'ya göre öğretmen; gardiyan, yani öğrencilerini zapt eden insan değildir. Öğretmen; yol gösteren, bilginin nerede olduğunu, nasıl öğrenileceğini gösteren bir rehberdir.Evrenselliğin ön planda olduğu ve tüm ülkelerin buna her alanda ayak uydurmaya çalıştığı günümüzde Türk Eğitim Sistemi de kendisini yenilemek zorunda olduğu aşikârdır. Kitap, bu zorunluluğu bir kez daha gözler önüne sermektedir.

Kitabın yarıya yakın bölümü, anne-baba-çocuk ilişkilerini incelemektedir. Kitaba konu olan iki ailenin değişimi, olmazın olabileceğini ispatlamaktadır. Bu nedenle öğretmenlerin yanında tüm anne-babalar da bu kitabı okumalıdır.

Kapaklıkaya'nın bu çalışmasında, sorunları tespit edip belirleyen ve çözümleri için öneri sunan bir yaklaşım içinde olması eğitimciler için de önemli bir örnektir.

Eğitimciler, yapacakları araştırmalarla yeni öneriler getirerek sorunların çözümüne katkıda bulunmalıdır ki ülkemizin geleceği daha sağlam temeller üzerine bir an önce inşa edebilelim...

Kapaklıkaya'ya en içten teşekkürlerimi sunuyorum:

Prof. Dr. Adil TÜRKOĞLU

Çukurova Üniversitesi Eğitim Fakültesi Dekanı

TEŞEKKÜR

Köyde ilkokula giderken ortaokul ve lisenin ne olduğunu bilmezdim. Bu yüzden ilkokuldan sonra devam edip okumak gibi bir amacım yoktu. En büyük hedefim; güttüğüm kuzuların, köyümüzün en güzel kuzuları olmasıydı. Benim için dünya, birkaç komşu köy ve üzerimizi örten gökyüzünden ibaretti sadece.

Bir gün, beni okutmak için alıp ilçemizdeki ortaokula kaydeden ve öğretmenliğimin ilk adımını atmamı sağlayan: Saygıdeğer insan Celal Eniştem sana,

Biz okuyalım diye evini-barkını, köyünü bırakıp beni ve kardeşimi yanına alan ve kendi çocuklarından ayırmadan bize emek veren, hiçbir fedakârlıktan kaçınmayan: Sevgili Gülperi Teyzem sana,

İçinizdeki gençlik heyecanı ve merakınızın yarattığı müthiş öğrenme isteğiyle derslerime gösterdiğiniz ilgi beni gururlandırıyor. Sınıfa girerken yüzünüzde gördüğüm tatlı tebessüm beni mutlu ediyor. Okuldaki rengârenk kişiliklerinizle oluşturduğunuz ortam bende cennet bahçesinde olduğum duygusunu yaratıyor. İçimde yarattığınız öğretmenlik hevesiyle her sabah koşa koşa okula geliyorum. Beni öğretmenliğin doruklarına taşıyan ve bana "Öğretmenim, gözlerimizde oluşturduğunuz pırıltıyı söndürürseniz sizi öğretmenlikten sileriz!" deyip beni hep canlı tutan hep yeni olmaya ve ömür boyunca öğrenci kalmaya sevk eden: Sevgili Öğrencilerim, Canım Çiçeklerim size,

Bana öğretmenliği öğreten, eğitimci bilinci veren: 19 Mayıs Lisesinin tüm öğrenci ve öğretmenleri size,

Yazdıkları mektuplara yükledikleri güzel duyguları, düşünceleri benimle paylaşan, adlarını buraya sığdıramayacağım sevgili mektup arkadaşlarım size;

Eğitim anlayışını, dinamizmini, üniversitedeki bilimi halka yaymak için gösterdiği çabasını kendime her zaman model aldığım: Prof. Dr. Adil Türkoğlu Hocam ve Yüksek Lisans Danışmanım Doç. Dr. Ahmet Doğanay Hocam size,

Yazdıklarımı okuyup değerlendiren, desteklerini hep yanımda hissettiğim ve sürekli yazmam için beni cesaretlendiren: Çukurova Üniversitesi Eğitim Fakültesindeki Saygıdeğer Hocalarım; Müfit Gömleksiz, Ali Temel, Oğuz Kutlu, İskender Özgür size,

Bu kitabı okuyup her satırını didik didik inceleyen ve katkıda bulunan, görüşlerinden sıkça faydalandığım: Yazar Ağabeyim Ekmel Ali Okur sana,

İstanbul'da beni okuluna davet eden ve gösterdiği candan ilgi ve samimi sevgileriyle ağırlayan: Sultanahmet Anadolu Ticaret Meslek Lisesi Öğretmeni Mualla Varlıoğlu sana,

Bahçesindeki çiçeklerini hep şanslı saydığım bir güzel bahçıvan, dost insan, mert adam: Necmi Yılmaz Hocam sana,

Teşekkürler, gücümün yettiğince…

Alişan KAPAKLIKAYA

İÇİNDEKİLER